Phantasie, Bild und Performativität im Kontext von Personalentwicklung und beruflicher Weiterbildung

Urte Behnsen

Phantasie, Bild und Performativität im Kontext von Personalentwicklung und beruflicher Weiterbildung

Eine interdisziplinäre Studie der Kultur- und Wirtschaftswissenschaften

PETER LANG

Frankfurt am Main · Berlin · Bern · Bruxelles · New York · Oxford · Wien

Bibliografische Information Der Deutschen Bibliothek
Die Deutsche Bibliothek verzeichnet diese Publikation in der
Deutschen Nationalbibliografie; detaillierte bibliografische
Daten sind im Internet über <http://dnb.ddb.de> abrufbar.

Gedruckt auf alterungsbeständigem,
säurefreiem Papier.

ISBN 3-631-54755-2

© Peter Lang GmbH
Europäischer Verlag der Wissenschaften
Frankfurt am Main 2006
Alle Rechte vorbehalten.

Printed in Germany 1 2 3 4 6 7

www.peterlang.de

Meinem lieben Mann

Das Denken erschafft die Welt

in jedem Augenblick neu

(Marcel Proust)

Harald Hoffmann de Vere: Oberbaumbrücke mit Spitztürmen, 1995
Aquarell, Papier, Triptychon

Inhaltsverzeichnis

1. Einführung und Themenskizze – Fokus, Zielsetzung, Fragestellungen und Begründung der Auswahl

Die vorliegende Arbeit untersucht die Begriffe Bild, Phantasie und Performativität unter dem Aspekt ihrer kontextuellen Beziehungen zu Ansätzen der Personalentwicklung und beruflichen Weiterbildung. Ausgehend von einer kulturwissenschaftlichen Perspektive liegt dieser Themenstellung eine metatheoretische Verknüpfung von Kulturanthropologie und Wirtschaftswissenschaften, insbesondere der Organisationskultur- bzw. Unternehmenskulturforschung, zugrunde. Als eine allgemeine Zielsetzung gilt, die spezifischen Kreuzungspunkte kulturwissenschaftlicher Theoriebildung und unternehmenskultureller Entwicklungslinien nachzuzeichnen und diese in ein interdisziplinäres Konzept der historischen Anthropologie zu integrieren.

Forschungsleitende Fragen zur Affinität von Personalentwicklung/beruflicher Weiterbildung und Organisationskultur stellen eine weitere Anknüpfung an das Thema dar. Ist die derzeitige Resonanz von Personalentwicklungs- und Weiterbildungskonzepten als Bestandteil eines Paradigmenwechsels in der Organisationskulturforschung zu verstehen? Welche Rolle nehmen dabei Phantasie, Bild und Performativität in Gesellschaft, Bildung und Kultur als übergeordnetes System ein? Wie kann ein anthropologisches Verständnis von Unternehmenskultur in Verbindung mit Personalentwicklung/beruflicher Weiterbildung gestaltet sein? Kündigen „Entgrenzungen der Sozialisation" eine neue Unaufhaltsamkeit und Unruhe des Lernens in der Personalentwicklung an, verbunden mit Innovations- und Anpassungserfordernissen in Unternehmen und kulturellem Wandel? Welche Bedeutung haben performative Konzeptionen für „Seminarintendanz/–dramaturgie" und das „Schauspiel" von Personalentwicklung und beruflicher Weiterbildung?

Die thematische Bearbeitung und die strukturelle Analyse dieser zentralen Fragestellungen orientieren sich forschungsmethodisch an hermeneutischen Gesichtspunkten und einem interdisziplinären wissenschaftlichen Zugang bei der Auswahl von Quellen und Texten. Zur Begründung der Auswahl bleibt anzumerken, dass zur Eingrenzung des Themas vorwiegend wissenschaftliche Literatur aus der historischen Anthropologie, der Erwachsenenbildung als Teildisziplin der Erziehungswissenschaften, der Wirtschaftswissenschaften, der Wirtschafts-, Arbeits- und Organisationspsychologie und der Philosophie Berücksichtigung fanden. Für die Begriffe

Phantasie, Bild und Performativität wurde eine historisch-anthropologische Perspektive gewählt, da eine ihrer grundlegendsten Funktionen die Beheimatung der Menschen in ihrer Zeit und Kultur darstellt (Vgl. Wulf, Ch., 1999, S. 8). Sie begründen insofern aus anthropologischer Sicht metaphorisch das „in der Welt sein" des Menschen. Einer Übertragung und Parallelität zu unternehmenskultureller „Verortung" kommt daher in den Wirtschaftswissenschaften eine Schlüsselfunktion zu. Kultur wird also im anthropologischen Sinne von ihren Mitgliedern hervorgebracht und zugleich in deren Körper und Persönlichkeiten „eingeschrieben" und „verankert". Diese Erkenntnis der Doppelstruktur kultureller Phänomene – der Brücke zwischen Entstehung und Konstitution – fließt in die herausragende Rolle der Personalentwicklung und beruflichen Weiterbildung für den Aufbau, die Pflege und die Wahrnehmung unternehmenskultureller Ressourcen ein. Jede Organisation bildet historisch ein solches eigenständiges kulturelles System aus, deren organisatorische Handlungen nur aus der individuellen kulturellen Verfasstheit ihres Systems zu begreifen sind (Vgl. Schreyögg, G., 2000, S. 436). Unternehmenskultur kann demnach in einem ersten Schritt als „Abbild" einer Organisation verstanden werden, das in performativen Handlungsvollzügen der Mitglieder ihren Ausdruck findet.

So fragt die Organisationspsychologie nach einer strategischen Herausbildung von innovationsfördernden Unternehmenskulturen im Rahmen von Personalentwicklungsmaßnahmen (Vgl. Liepmann, D., et al., 1995, S. 151f). Theorieansätze der Erwachsenenbildung akzentuieren eher individuelle Handlungsebenen in der Personalentwicklung. Aus gesellschaftlich kultureller Perspektive einer allgemeinen Bildungspraxis und -theorie gilt der Blick eher einer sich abzeichnenden Verschränkung organisierten Lernens mit dem informellen Sektor. Individuen treten aus dem Schatten ihrer Institution. „Weichere" Formen beruflicher Weiterentwicklung, insbesondere selbstorganisiertes oder selbstgesteuertes Lernen, verwischen Grenzen zwischen individueller und institutioneller Bildung, Arbeit und Organisation (Vgl. Olbrich, J., 2001, S. 392f). Sie verweisen damit auf eine andere Dimension von Unternehmenskulturen – dem Bild und der Spur ihrer inneren Dynamik. Beide, Bild und Spur, verkörpern die Bindung an ihre Historizität, aus der sich bereits gegenwärtige und zukünftige Bewegungen wechselvoll und komplex gestalten (Vgl. Derrida, J., 1999, S. 91).

Vor dem Hintergrund dieser diskursiven unternehmenskulturspezifischen Überlegungen zur Thematik scheint für die vorliegende Arbeit „... der Versuch, im Medium des Sichtbaren das Unsichtbare, im Vernehmbaren das Unerhörte zu entdecken... " von besonderer Bedeutung zu sein (Konersmann, R., 1998, S. 351).

2. Theoretische Orientierung

Für den theoretischen Rahmen dieser Arbeit wird ein interdisziplinärer und integrativer Forschungsansatz gewählt und den Kulturwissenschaften zugeordnet. Er basiert auf der wissenschaftlichen Konvergenz unterschiedlicher Theoriekonzepte der historischen Anthropologie, der historisch-pädagogischen Anthropologie, der Kulturanthropologie und Organisationspsychologie sowie den Wirtschaftswissenschaften.

Auf dieser Grundlage werden zentrale Kategorien und Modelle der Organisations- bzw. Unternehmenskulturforschung anhand der skizzierten forschungsleitenden Fragestellungen analysiert und ihre besondere Bedeutung für die Personalentwicklung und berufliche Weiterbildung untersucht.

2.1 Zum Begriff der Kulturwissenschaften und historischer Anthropologie als ein zentraler Forschungsbereich

Die Kulturwissenschaften als wissenschaftliche Schlüsselkategorie und interdisziplinärer Fächerkanon erhielten ihren Aufschwung in Deutschland in den späten achtziger Jahren des 20. Jahrhunderts. Der Begriff subsumiert Forschungsgegenstände und -verfahren, die seit der Antike in den verschiedenen Einzelwissenschaften im weitesten Sinne vom Menschen geschaffene Einrichtungen untersuchen. Hierzu zählen insbesondere zwischenmenschlich medial vermittelte Handlungs- und Konfliktmuster sowie Normen- und Wertgestaltungen. Die daraus abgeleiteten Theorien der Kulturen und materialen Arbeitsfelder werden systematisch und historisch erforscht. Kultur wird also zum einen als zu untersuchendes objektives Ganzes und zum anderen auch als Kontext für einzelne Operationen betrachtet (Vgl. Böhme, H., et al., 2000, S. 104f).

Zur etymologischen Bedeutung von Kultur ist das lateinische „cultura", gleichbedeutend mit „Pflege", „Bearbeitung", „Bebauung", anzuführen. Es bezog sich ursprünglich auf die agrarische Tätigkeit des Ackerbaus. Cicero übertrug in einem Gleichnis (Tusculanae disputationes II, 5) „cultura" als Metapher auf den Grundsachverhalt des menschlichen Zusammenlebens. Demnach wirke Philosophie auf die menschliche Seele analog der Bebauung und Pflege des Ackers durch den Menschen. Die doppelte Bedeutungsrichtung dieser Metapher verweist auf eine anthropologische Tatsache und Bildungsaufgabe. Sie wird in der wechselvollen Geschichte des Begriffes über die Humanisten der Renaissance, Herder, Simmel, Gehlen u. a. zum modernen Kulturbegriff weiterentwickelt (Vgl. Mollenhauer, K., 1997, S. 900). Ciceros „cultura animi" entspricht der Übertragung der äußeren Natur auf die innere Natur des Menschen und findet sich bei Pufendorf

(„vitae cultura") in der Kultur der Lebensverhältnisse wieder (Vgl. Huegli, A., Lübcke, P., (Hrsg.), 2000, S. 519). Er leitete damit neben anderen die epochale Wende zur Moderne ein, in der nach Niklas Luhmann Kultur zum Weltprojekt wird. Kultur entsteht demnach durch die Perspektive von Beobachtern zu Beobachtern, umfasst nicht nur Gegenstände, sondern auch Formen und Sichtweisen. Kultur als geschaffene Sinnkonstruktion bleibt daher für Luhmann nicht hintergehbar, aber rekonstruierbar (Vgl. Luhmann, N., 1999).

Nach dieser kurzen Einführung in den Begriff der Kulturwissenschaften wird im folgenden anhand einiger ausgewählter Ansätze das komplexe Bild dieses Forschungsfeldes vorgestellt. Zu ihnen gehören u. a. Simmel, Cassirer, Warburg, Freud, die kritische Theorie, Gehlen und internationale Anstöße. Im Anschluss wird der Forschungsbereich der historischen Anthropologie thematisiert.

Während der Kulturbegriff seit der Antike bis hin zum deutschen Idealismus (Hegel 1770–1831) und seiner wilhelminisch engen Indoktrination im wesentlichen von biologischen und religiösen Mustern gekennzeichnet war, veränderte der Modernisierungsschock der industriellen Revolution alle Kulturbereiche in einem zuvor nicht gekannten Ausmaß. Die Menschen erfasste angesichts der Maschinisierung und Beschleunigung ihrer kulturellen Alltagswelt eine transzendentale Verunsicherung, die nach zeitangemessenen Antworten auf existentielle Fragen suchte. Die Fundamente der alten Kultur begannen zu zerbrechen. In dieser Situation um 1900 startete die „Karriere" der Kulturphilosophie. Konersmann definiert sie daher als „Krise des Geistes" (Vgl. Konersmann, R., 1998, S. 13). So umschrieb Simmel bereits 1911 den Kulturbegriff mit der kritischen Diagnose der Tragödie, die sich in den generellen Verunsicherungen über die technischen Umwälzungen des 19. Jahrhunderts artikulierte. Die kulturelle Tragik der Moderne lag für ihn in dem Prozess der neuzeitlichen Dynamisierung von Kultur begründet. Sie wende sich letztendlich gegen sich selbst und ihre Errungenschaften. Simmel betonte damit den großen Dualismus der Kulturidee, ohne jedoch in dem Dilemma einer auswegslosen Kritik der Entzweiung zwischen Mensch und Kultur stecken zu bleiben. Die Kultur der Moderne eröffne dem Subjekt erst die Möglichkeit, sich zu entwickeln und zugleich sich wieder von ihr distanzierend, an ihr reiben zu können.

„Die Grundfähigkeit des Geistes: sich von sich selbst lösen zu können, sich gegenüberzutreten wie einem Dritten, gestaltend, erkennend, wertend, und erst in dieser Form das Bewusstsein seiner selbst zu gewinnen – hat mit der Tatsache der Kultur gleichsam ihren weitesten Radius erreicht, hat das Objekt am energischsten gegen das Subjekt gespannt, um es wieder in dieses zurückzuführen" (Simmel, G., 1998, S. 55). Er entwickelte in diesem Tragödienessay richtungsweisende kulturphänomenologische Aphorismen, die bis heute nichts an Brisanz für den kontrovers diskutierten Kulturbegriff verloren haben. „Simmels Einflüsse sind bei Benjamin, Adorno und Horkheimer, Bloch, Cassirer, Gehlen, ja auch bei Lévi-Strauss, Bourdieu und Clifford Geertz nachweisbar. Doch kaum jemand hat sich zu dieser Quelle seiner Begriffe oder Denkmodelle bekennen mögen" (Böhme, H., et al., 2000, S. 59). Bereits nach Ende des ersten Weltkrieges griff Valery diesen Hang zur Selbstzerstörung der abendländischen Kultur wieder auf, der von Simmel so klar Jahre zuvor formuliert wurde. „Es bedurfte zweifellos vielen Wissens, um in so kurzer Zeit, so viele Menschen zu töten, so viele Güter zu verschwenden, so viele Städte zu vernichten; aber nicht weniger bedurfte es dazu moralischer Kräfte, Wissenschaft und Pflicht, seid auch ihr nun verdächtig" (Valery, P., 1998, S. 58f)?

Diese Erkenntnisse aus den Folgen des ersten Weltkrieges läuteten eine weitere Phase der Kulturphilosophie ein. Zu den bedeutendsten Vertretern gehörte Ernst Cassirer als Schüler Simmels. In den Jahren 1923 bis 1929 entwickelte er die Theorie der „Philosophie der symbolischen Formen", die er als anthropologische Strukturprinzipien interpretierte. Sie führen den Menschen während seines Weges durch alle historischen Variationen zur Selbstbefreiung (Böhme, H., et al., 2000, S. 62). Im Gegensatz zu Simmel fasst Cassirer die Polarisierung zwischen Erhaltung und Erneuerung der Kultur nicht als Tragödie, sondern als Wettstreit eines gemeinsamen Wachsens auf, der nicht in Zerstörung enden muss. Vielmehr bleiben Sieg oder Niederlage des jeweiligen Prinzips unbestimmbar (Cassirer, E., 1998, S. 134). Mit dieser konstruktiven Denkfigur erzielte Cassirer bis heute viel Resonanz innerhalb der Kulturphilosophie. In der philosophischen Auseinandersetzung mit den zentralen Themen Kants – Erkenntnis-, Moraltheorie und Urteilskraft (Vgl. Hirschberger, J., 2000, S. 268f) – versuchte er, dessen Ansätze auf Kulturphilosophie zu übertragen. „Kant hatte die Rekonstruktion von Erkenntnisformen angestrebt, die jederzeit und überall gelten, d. h. aller Erfahrung zugrunde liegen, insofern als sie unabhängig von aller Erfahrung (d. h. a* priori) gewusst werden können. Dieser These stellt Cassirer seinen Begriff des < relativen Apriori > gegenüber: Jedem theoretischen System liegen einige Begriffe zugrunde, die seinen Charakter bestimmen. Diese Begriffe, – bzw. das Wissen darum – sind dann relativ < a priori >, d. h. a priori in bezug auf das System. Die Philosophiegeschichte lässt sich als historische Entwicklung solcher relativer Erkenntnisformen auffassen" (Hügli, A., Lübke, P., (Hrsg.), 2000, S. 116). Cassirer gelang es dadurch, den Gegenstand der Kulturwissenschaft neu zu definieren: Demnach lassen sich die historische Welt und ihre kulturelle Evolution nicht in ideographischen Konstruktionen erfassen. Sie konstituieren sich vielmehr aus einer Vielzahl von symbolischen Formen und ihren inneren Logiken. Der Mensch als symbolverwendendes Wesen schafft die kulturgeprägte Welt und orientiert sich in ihr mittels seiner Symbole. Kultur selbst wird als komplexes und dynamisches Zeichensystem verstanden. Es enthält für Cassirer vor allem soziale, materiale wie mentale Dimensionen und entspricht insofern einer Theorie der modernen Kultursemiotik (Vgl. Böhme, H., et al, 2000, S. 68). Der Verdienst Cassirers liegt vor allem in der Erkenntnis, die Dualität von nomothetischen Natur- und ideographischen Kulturwissenschaften als historisch gewachsen anzusehen. Mögen die Logiken und die Zugänge der Welterschließung noch so verschieden sein, Wissenschaft ist immer Wissenskultur und damit Forschungskontext der Kulturwissenschaften.

Neben Cassirer gilt der Kunsthistoriker Aby M. Warburg als bedeutend für die Gründungszeit der Kulturwissenschaften. Warburg befasste sich im weitesten Sinne mit der Erforschung visueller Kultur. Er betrieb Studien zu Lebensstil, ästhetischer Praxis, religiösem Leben in der Renaissance und zum Einfluss der Antike auf die europäische Zivilisation. Kulturanthropologische Untersuchungen in Süd- und Osteuropa, zu mythologischen, symbolischen und astrologischen Formen im Vorderen Orient folgten. Seine ethnographischen Erforschungen indianischer Kulturen in New Mexico erwiesen sich als herausragend für die an Symbol- und Ritualpraktiken orientierte Kulturwissenschaft (Vgl. Chernow, R., 1996, S. 88ff). Warburg verstand unter Quellenstudium neben Bild- und Schriftanalysen aller qualitativen Grade, auch mediale Formen und habituelle Muster des Agierens. Dazu gehörten für ihn u. a. religiöse, ethnische und auch soziale Rituale (Vgl. Böhme, H., et al., 2000, S. 73). Kulturwissenschaft nach Warburg ist mehr als die Archivierung und museumstheoretische Analyse des Bildgedächtnisses. Er gewichtet die in den Bildern erscheinende kulturelle Kodifizierung des Körpers, die in den dargestellten Verhaltensweisen und Gebärden Gestalt annehmen. Sie liegen für ihn in den Bildern zwischen unbewusst affektiv ausgedrückten Gefühlsströmen und kulturellen Sublimationen verborgen. Diese Phänomene nehmen heute eine zentrale Stellung in der Forschung historischer Anthropologie ein. Warburg versteht historische Anthropologie universalistisch und misst den psychischen Mächten eine Bedeutung zu, die sich zwischen Magie und Rationalität am deutlichsten im Symbolhaften manifestieren. Die Betonung des Psychischen lässt bei Warburg eine Nähe zu Freuds kulturtheoretischen Überlegungen erkennen, die Hervorhebung des Körperlichen zielt dagegen über ihn hinaus.

Der epochale Verdienst der Kulturtheorie Sigmund Freuds liegt bis heute darin begründet, dass sie das Unbewusste in die wissenschaftliche Diskussion zurückgeholt hat. Freud verstieß mit seiner Psychoanalyse die „scientific communitiy", in dem er das experimentell nicht Erfassbare wissenschaftlich erforschte und das größte Tabu seiner Zeit, die Sexualität, aus der gesellschaftlichen Verdrängung zu holen suchte (Vgl. Bruder, K., .J., 1991, S. 334f). Er dehnte seine psychoanalytischen Grundbegriffe der individuellen psychischen Entwicklung (Freud, S., 1998, S. 39ff) u. a. auf soziale bzw. kollektive Prozesse sowie die kulturelle Evolutionsgeschichte aus und vertrat die weitreichende These, das Unbewusste verkörpere eine zentrale, steuernde Dimension der Geschichte. Insofern wird seine Theorie bis heute als ein verstehender kulturwissenschaftlicher Ansatz angesehen (Vgl. Freud, S., 1997, S. 63f).

Freud verstand sich um 1900 als „Entdecker des Unbewussten". Als Kategorie wurde es jedoch bereits seit Ende des 18. Jahrhunderts in der Philosophie, der Psychologie, der Anthropologie und in der Ästhetik erwähnt. Aus heutiger Sicht erscheint es in dieser Zeit als unabdingbar, weil die Philosophie der Aufklärung von Descartes bis Kant eine reine Philosophie des Bewusstseins darstellte. Die Romantik als komplementäre Gegenströmung zur Aufklärung ließ das Irrationale als sublimierte Schicht des Rationalen neu hervortreten (Vgl. Hörisch, J., 1991, S. 258ff). Dabei steht das Unbewusste heute nicht mehr in Verruf, die Entwicklung der Ratio aufzuhalten, geschweige die Unvernunft zu fördern.

„Das Unbewußte ist nicht das Wider-Vernünftige, sondern eine psychische und kulturelle Dynamik mit anderer Logik als die der rationalen Ausdifferenzierung – eine Kraft aber, die dann, wenn sie nicht in zivile Formen eingebettet wird, selbst hochentwickelte Kulturen barbarisieren kann" (Böhme, H., et al., 2000, S. 82f).

Mit dem Ödipuskomplex als Kernstück seiner Theorie versuchte Freud die zeitüberdauernden unbewussten, sexuellen Verstrickungen des Begehrens und kultureller Tabus metaphorisch zu beschreiben. Die Generalisierung des Ödipuskomplexes auf außereuropäische oder urgeschichtliche Zustände ist von der Geschichtsforschung nicht belegt worden, wenn auch Freud sich darum vergeblich bemühte (Vgl. Böhme, H., et al., 2000, S. 85). Die kulturtheoretischen, eng an ein mechanistisches Weltbild angelehnten Ansätze Freuds wurden von C. G. Jung in seinen Konstrukten der archetypischen Symbolik und von J. Lacan's Konzeption des Unbewussten als Sprache weiterentwickelt und neuformuliert (Vgl. Hügli, A., Lübcke, P., (Hrsg.), 2000, S. 367 u. Jung, C., G., 1999). Darüber hinaus üben sie bis heute, z. B. in der Kunst, eine nachhaltige Wirkung auf die Kulturwissenschaften aus.

Die Frankfurter Schule als philosophische Denkbewegung zwischen selbstreflexiv analytischer und ästhetischer Urteilsbildung kann als eigenständiger kulturwissenschaftlicher Ansatz betrachtet werden. Im Unterschied zur Kulturphilosophie, die sich zur Lebenswelt – sei es auch kritisch – beschreibend verhält, thematisierte die „kritische Theorie" die gesellschaftlichen Verhältnisse der jeweiligen Gegenwart in ihrem historischen Kontext (Vgl. Böhme, H., et al., 2000, S. 97). Sie berücksichtigte dabei auch ihre eigene gesellschaftliche Bedingtheit mit dem selbstreflexiven Ziel, ihre Aufhebung in einer nicht entfremdeten Gesellschaft zu erwirken. Philosophie und Sozialwissenschaften galten als einheitlicher Forschungsansatz. Heute stehen die sprachanalytisch philosophischen Rekonstruktionen J. Habermas`, die sich u. a. an Wittgenstein und Austin anlehnen, und der linguistisch orientierte Poststrukturalismus für die Weiterentwicklung der Intentionen kritischer Theorie (Vgl. Habermas, J., 1981 u. Engelmann, P., 1999). Habermas formulierte ein kommunikationsphilosophisches Konzept des Diskurses. Danach erscheint für ihn über formale demokratische Staatsregelungen, ethische Prinzipien und das Bewusstsein internalisierter idealer Wertvorstellungen vor dem eigentlichen Diskurs herrschaftsfreie Verständigung möglich (Vgl. Bohnsack, R., 1998, S. 40). Der Poststrukturalismus versucht zu beweisen, dass sich Bedeutungen von Zeichen nur in der Differenz zu anderen de-konstruktiv benennen lassen. Dieses Differenztheorem kann auf Kulturen und ihre selbstdarstellende Performativität transformiert werden. So ist eine Struktur bereits in der zeichenhaft konstruierten Strukturalität einer Kultur enthalten. Derrida geht es z. B. darum, die Geschichte des Abendlandes als Ursprung zu beschreiben. Wie können wir den anderen und das andere denken (Vgl. Derrida, J., 1998)? Diese philosophischen Ansätze der Re- und Dekonstruktion haben in der Nachfolge der Kritischen Theorie zur methodischen Erneuerung der Kulturwissenschaft beigetragen.

Eine andere bedeutende Richtung der Kulturwissenschaften setzt an der Tradition Herders an, die den Menschen in seiner Instinktarmut als Mängel- und Handlungswesen zu beschreiben sucht (Vgl. Berg, E., 1990, S. 51ff). Sie wird vor allem von Arnold Gehlen vertreten. Er antizipiert die Hilflosigkeit des Menschen, da ihm die Instinktspezifik fehle. Gehlen bezeichnete daher den Menschen als „physiologische Frühgeburt". In dieser „conditio humana", die eine große Offenheit des Menschen gegenüber der Natur bedingt, sieht er jedoch die Chance zu intelligentem Handeln als Kompensation. „Der Mensch verändert seine Umwelt derart, dass er in ihr überleben kann. Er schafft von Natur aus Kulturelles, ist von Natur aus ein Kulturwesen" (Vgl. Hügli, A., Lübke, P., (Hrsg.), 2000, S. 45). Seine kulturellen Errungenschaften – Sprache, Technik und Institutionen – dienen als Entlastung seiner Existenz und zeigen die Angewiesenheit des Menschen auf Umarbeitung der Natur zur Kultur. Er muss sich aus eigenen Mitteln „Prothesen" schaffen, um aus anthropologischen Mängelbedingungen Chancen der Lebensgestaltung zu entwickeln. Gehlen übernahm Simmels Wort „der zu selbstgenügsamer Abgeschlossenheit krystallisierten Gebilde der Kulturformen" und formulierte es mit verschobenem Akzent als Zentralmetapher seiner Institutionenlehre neu (Vgl. Konersmann, R., 1998, S. 19f). Er verstand unter Kristallisation den Kulturzustand, „... der eintritt, wenn die darin angelegten Möglichkeiten in ihren grundsätzlichen Beständen alle entwickelt sind" (Gehlen, A., 1998, S. 233). Darin liegt eine Abwehrhaltung gegenüber dem als metaphysisch bezeichneten Geistprinzip und deren philosophischen Ideensysteme verborgen. Sie brachte ihm einerseits den Vorwurf ein, die Kultur des Menschen anthropologisch nur auf das unmittelbar Zweckgerichtete bzw. auf die Verdinglichung zu reduzieren. Andererseits hat seine Prognose, die Ideengeschichte sei abgeschlossen und wir seien im Posthistoire angekommen, heute weitgehend Akzeptanz gefunden (Vgl. Gehlen, A., 1998, S. 235).

Für die modernen Kulturwissenschaften in Deutschland dienten neben den historischen Ansätzen ab 1980 internationale Impulse der „humanities" als Orientierung, ging es doch zum einen um die Anschlussfähigkeit an deren Forschungsstandards und zum anderen um eine Reform der in einen Fächerwald zersplitterten Geisteswissenschaften. Wegbereitend wirkten die angelsächsischen „Cultural Studies", der „New Historicism" der amerikanischen Westküste und die französische „histoire de mentalités". Die ab 1960 entwickelten „Cultural Studies" verkörperten die gelungene Institutionalisierung einer forschungsleitenden Strategie, die von einem konfliktorientierten Kulturbegriff ausging. Dahinter verbarg sich keine konsistente Theoriebildung, sondern eine methodische Kombination von heterogenen Schlüsselbegriffen, mit denen kulturelle Phänomene aus unterschiedlichen Perspektiven erforscht wurden. Der New Historicism postulierte die Öffnung des literarischen Textes zum Kontext hin und das Interesse an der Textualität von Geschichte. Literaturwissenschaft sollte als Kulturanthropologie verstanden werden. Die „histoire de mentalités" entstanden um 1960. Der Sammelbegriff steht für die Untersuchung der kollektiven, mentalen, ethischen und affektiven Dispositionen der Menschen im Prozess ihrer Geschichte (Vgl. Böhme, H., et al., 2000, S. 11ff).

Die Einführung des Begriffes Kulturwissenschaften in Deutschland signalisiert daher eine performative Wende der in eine Sackgasse geratenen Geisteswissenschaften. Die Herausforderungen gesellschaftlichen Wandels, die Internationalisierung bzw. Dynamisierung der Informations- und Wissenskulturen sowie die neuen Kommunikationstechnologien wurden aufgegriffen. Die Zukunft des Projektes Kulturwissenschaften ist noch offen und besticht durch ihre transdisziplinäre Perspektive. In seinem Zentrum stehen u. a. die Forschungsbereiche Wissenskulturen, Kulturgeschichte der Natur, Historische Anthropologie, Erinnerung und Gedächtnis, Kulturgeschichte der Technik und mediale Praktiken (Vgl. Böhme, H., et al., 2000, S. 104ff). Von diesen Forschungsfeldern der Kulturwissenschaften stellt historische Anthropologie eine zentrale theoretische Orientierung für die vorliegende Arbeit dar. Ihre wesentlichen Aspekte sollen daher kurz skizziert werden.

Historische Anthropologie gilt als der älteste Kern der Kulturwissenschaften. Ihre Traditionen reichen bis zur Geschichte der Reisen und Expeditionen als Quelle der Ethnographie und komparatistischen Kulturanthropologie zurück. Aus diesen wissenschaftlichen Strömungen entstand die beobachtende historische Verhaltenswissenschaft. Der Diskurs der philosophischen Anthropologie von Scheler, Plessner und Gehlen in der ersten Hälfte des 20. Jahrhunderts übte zusätzlich einen nachhaltigen Einfluss auf historische Anthropologie aus.

Heute wird der Terminus historische Anthropologie als geschichtswissenschaftlicher Ansatz begriffen, der im Spannungsfeld zu den Humanwissenschaften steht. Als die gesellschaftstheoretische Wende um 1960/70 an Einfluss verlor, öffneten sich die Geistes- und Sozialwissenschaften für historische Anthropologie. Sie entwickelte sich in Nähe zu der deutschen Sozialgeschichts- bzw. zu der französischen Mentalitätsgeschichtsforschung. Im Sinne ihrer Historizität stand die Frage nach langfristigen Transformationen menschlicher Verhaltensweisen und Persönlichkeitsstrukturen im Vordergrund. Erste deutsche theoretische Forschungsansätze wurden Anfang 1970 in Freiburg und Göttingen begründet (Vgl. Lenzen, D., 1996, S. 78 ff). Anthropologie umfasst die Lehre vom unveränderbaren Wesenskern des Menschen. Sie reflektiert sein Unwandelbares in seiner Wandelbarkeit. In Anknüpfung an die Antike sind vor allem Herder und im 20. Jahrhundert Gehlen mit ihrer These vom Menschen als Mängelwesen Wegbereiter historischer Anthropologie (Vgl. Herder, J., G., 1772 u. Gehlen, A., 1940). So interpretieren Böhme et al. diesen Zustand des Mangels als Umschlag in den Reichtum der vielfältigen kulturellen Gestaltungsmöglichkeiten des Menschen. „Kultur ist nicht die Überformung einer ursprünglichen, im Status reiner Wildheit gegebenen Natur, sondern der unvermeidliche Prozess einer Bestimmung des Nicht-Festgelegten an einem konkreten historischen Ort unter den Bedingungen dessen, was biologisch festgelegt ist. Die Rekonstruktion solcher Bestimmungen kann man als

<historische Anthropologie> bezeichnen" (Böhme, H., et al., 2000, S. 133).

Angesichts des cartesianischen Dualismus will historische Anthropologie die Frage nach „dem ganzen Menschen" stellen. Sie rückt das gesamte Spektrum der Wissenskulturen vom Menschen in den Mittelpunkt ihrer Forschungen – das Wissen von der Phantasie, den Sinnen, den Affekten und Gefühlen. „Auf dieser Basis zielt historische Anthropologie darauf ab, alle menschlichen Lebens-, Ausdrucks- und Darstellungsformen zu beschreiben, Gemeinsamkeiten und Differenzen herauszuarbeiten, Ähnlichkeiten und Unterschiede in Einstellungen und Deutungen, Imaginationen und Handlungen zu analysieren und so ihre Vielfalt und Komplexität zu erforschen" (Wulf, Ch., 1997, S. 13). Untersuchungsgegenstand sind die vielfältigen historischen und aktuellen Quellen, die unsere Kulturproduktion als „Repräsentanten" dokumentieren. Hierzu gehören z. B. Körper, Sprache, Geschlecht, Tanz, Ritual, Musik, bildende Künste, Literatur, Film sowie sämtliche textuellen, ikonographischen, rituellen Medien, Muster und Kodierungen kultureller Lebenspraxis. Sie verhalten sich allerdings nicht neutral, sondern sind bereits Teil der Kulturformung durch den Menschen. Historische Anthropologie versucht daher, diese menschlichen Phänomene in Relation zu ihrer Geschichte und den eigenen historischen Perspektiven und Methoden zu erforschen. In diesem Sinne wirkt sie über bestimmte Kulturen und Epochen hinaus. In Erkenntnis der eigenen kulturellen Bedingtheit will historische Anthropologie archivierende Ordnungsmetaphern der Geschichte und des Eurozentrismus überwinden. Sie versteht sich offen und zeitreflexiv als historische Wissenschaft vom Menschen, die in andere Wissenschaftsgebiete – speziell in dieser Arbeit in das Konzept der Wirtschaftswissenschaften – vordringt.

2.1.1 Zur Theoriebildung einer historisch-pädagogischen Anthropologie

Historisch-pädagogische Anthropologie kann als Versuch verstanden werden, den evolutionären Zusammenhang von Menschen- und Erziehungsgeschichten zu bearbeiten (Vgl. Wulf, Ch., Zirfas, J., 1994, S. 27). Diese umsichtige Formulierung einer Intention enthält die Absage an fundamentalistische „Allmachtsansprüche" der Pädagogik. Sie weist zugleich darauf hin, dass pädagogische Paradigmen relativ zu verstehen sind. Historisch-pädagogische Anthropologie antizipiert daher ein pädagogisches Erkenntnismodell der Pluralität und Diversität. Es gibt nicht mehr das pädagogische Wissen und die normative Basis der Erziehungswissenschaften. Denn Wissen ist ein symbolisches System des Entstehens und zeigt sich in komplexen, heterogenen Formen. Als ein Modell für die Wirklichkeit strukturiert es auf diese Weise unsere Realität und soziale Handlungsfähigkeit – auch die der Wissenschaften. In diesem Sinne ist Wissen ein universales Phänomen und selbst eine konstante anthropologische Größe (Vgl. Stehr, N., 2001, S. 8). Sie umfasst philosophische, wissenschaftliche wie praktische Symbol- und Zeichensysteme, die miteinander verwoben, nicht nur auf wissenschaftlicher Erkenntnis beruhen. Die jeweilige Wissensart ist durch Entstehung, Funktion, Struktur und Thema geprägt. So kann kein Modell, keine Theorie, kein Paradigma der Erziehungswissenschaften von sich behaupten, das fundamentale Wissen für Erziehung bereitzustellen (Vgl. Wulf, Ch., 1994, S. 7). Dies gilt auch für historisch-pädagogische Anthropologie. Sie wird daher als ein perspektivischer Fokus der Erziehungswissenschaften verstanden, der keine geschlossene Wissenssystematik enthält und selbst auf Erziehungstheorien zugreift.

Ihre Historizität beinhaltet eine doppelte Ausrichtung. Zum einen wird der Wandel des Menschen und seiner erzieherischen Horizonte in der Geschichte erforscht. Zum anderen ist reflexiv die eigene historisch bedingte wissenschaftliche Perspektive Untersuchungsgegenstand. Dabei werden beide Forschungsziele miteinander verbunden. Historisch-pädagogische Anthropologie verhält sich insofern selbstreferentiell. Im Bewusstsein ihrer Entwicklungsfähigkeit entsichert sie Wissen, um eigene Komplexität zu ermöglichen (Vgl. Luhmann, N., 1999). Anthropologisches Wissen ist sowohl Teil Allgemeiner Erziehungswissenschaften, als auch praktischer Pädagogik. Häufig wirkt es nur implizit und schwer reflektierbar.

Aufgabe historisch-pädagogischer Anthropologie ist daher, die den Erziehungswissenschaften, der Pädagogik und Kultur zugrunde liegenden Menschenbilder zu untersuchen. Denn erst Transparenz ermöglicht ein konstruktives Verstehen ihrer Erscheinungs- und Ausdrucksformen unter bestimmten gesellschaftlichen Bedingungen. Dieser Forschungsansatz verzichtet auf ein Gesamtbild des Menschen. Die Einsicht in seine unbestimmte Natur (Rousseau), in seine universelle Bildsamkeit (Fichte, Schlegel, Herbart) und in das „Nichtwissenkönnen" seiner Bestimmung (Scheler) markieren das kritische Selbstverständnis und das Zentrum historisch-pädagogischer Reflexion (Vgl. Benner, D., 1988, S. 469).

Zu Darstellungs- und Systematisierungsversuchen einer Theoriebildung führen Wulf/Zirfas sieben Akzente einer begrifflichen Orientierung an und betonen die Vorläufigkeit bzw. Vielfalt unterschiedlicher Positionen.
1. „Der *integrale* Ansatz begreift den Menschen als: homo educandus et educabilis. Der Mensch ist ein erziehbares und erziehungsbedürftiges Wesen (Flitner, Roth, Liedtke).

2. Der *philosophische* Ansatz begreift den Menschen als: „das nicht-festgestellte Tier" (Nietzsche). Der Mensch ist die Ganzheit der offenen Frage, ein „offenes System" (Bollnow, Derbolav, Loch).
3. Der *phänomenologische* Ansatz begreift den Menschen als: homo distinctus. Der Mensch ist: Erwachsener, Kind, Lehrer, Schüler, Vater, Mutter (Langeveld, Rang, Lassahn).
4. Der *dialektisch-reflexive* Ansatz begreift den Menschen als: zoon politikon. Der Mensch erscheint im Modus der sozialen und der individuellen Selbstverwirklichung (Buber, Levinas, Adorno, Klafki).
5. Der *implizite* Ansatz begreift den Menschen als: imago hominis. Der Mensch erscheint im Modus des Bildes (Scheuerl).
6. der *texturale* Ansatz begreift den Menschen als: Anagramm. Der Mensch wird zum poetischen Text (Derrida, Foucault, Geertz).
7. Der *plurale-historische* Ansatz begreift den Menschen als: homo absconditus. Der Mensch erscheint im Modus der Pluralität, Reflexivität und doppelten Historizität (Kamper & Wulf, Wünsche, Mollenhauer, Lenzen, Wulf)" (Wulf, Ch., Zirfas, J., 1994, S. 19f).

Die genannten Theorieansätze historisch-pädagogischen Wissens zeigen im Sinne Kampers die Dynamik einer Wissenschaft der Differenz. Sie implizieren Unsicherheit des Individuums, Komplexität der Menschenbilder, Unterschiedlichkeit der Ethik und jeweiligen Sinngebungen in ihren historischen Kontexten (Vgl. Kamper, D., 1996, S. 82f).

Foucaults Rede vom „Tode des Menschen" umschreibt diese Fragmentierungen historisch-pädagogischer Anthropologie. Zeitgemäße anthropologische Theorien greifen daher unter den Bedingungen elektronischer Mediennetze immer entgrenzter auf den Entwurfscharakter des Menschen zurück. Kann der Mensch gegenwärtig mehr als ein Abbild seiner eigenen Bilder sein? Wie wird kulturelle Phantasie zukünftige Wirklichkeiten gestalten? Zu welchen Welt- und Kultureinsichten gelangen wir durch die komplexen Formen des Performativen? Diese Fragen zu den zentralen Begriffen des Themas unterstreichen ihre historisch-anthropologische Bedeutung für die Wirklichkeitskonstitution des Menschen. Durch Bildungsprozesse – themenbezogen auch in der Personalentwicklung/beruflichen Weiterbildung – werden die komplexen kulturellen Bilder in die Individuen eingeschrieben. Bei den fragilen Konstruktionen partieller Menschenbilder wird zukünftig entscheidend bleiben, einen gesellschaftlich einigenden und stabilisierenden Konsens zu finden (Vgl. Gebauer, G., 1998, S 20f). Im Bewusstsein dieses Endes einer generellen Verbindlichkeit will historisch-pädagogische Anthropologie Erkenntnisse der Humanwissenschaften aufgreifen, in Beziehung setzen und neu bereichern. Diese Perspektive wird in der vorliegenden Arbeit mit unternehmenskulturellen Kontexten vernetzt und so interdisziplinär für die Wirtschaftswissenschaften nutzbar gemacht.

2.1.2 Zum Begriff der Kulturanthropologie in den Wirtschaftswissenschaften

Kulturanthropologie bezieht sich auf das kulturale Sein der Menschen – ihre Vorstellungen, Verhaltensweisen und veränderbaren Produkte. Die natürliche „Ausstattung" des Menschen ist Gegenstand der Bioanthropologie – und damit der Naturwissenschaften. Diese zwei Forschungsansätze sind nicht klar voneinander zu trennen. Vielmehr zeigen sie verschiedene Schwerpunkte kultur- und naturwissenschaftlicher Erkenntnis vom Wesen des Menschen. Zum einen sind Produkte menschlichen Handelns kulturell variabel und zum anderen an natürliche Materie gebunden, wie z. B. Sprache, Architektur, Kleidung, Kunst, Organisationen und Wirtschaft. Kulturanthropologische Annahmen gehen also grundsätzlich von kultureller Pluralität aus (Vgl. Marschall, W., 1990, S. 7). Ihr Ziel ist, über einen Vergleich dieser pluralen Lebensweisen zu einem Verständnis eigener und fremder Kulturbilder zu gelangen. Sie können dazu beitragen, ordnende Identifikationsprozesse zu klären und zu stabilisieren. Forschungsmethodisch werden unterschiedliche quantitative und qualitative Verfahren angewandt, die sich durch ein jeweils verschiedenes Kulturverständnis auszeichnen. In Amerika haben bereits 1952 Kroeber/Kluckhorn eine Klassifikation von 164 verschiedenen Kulturdefinitionen entwickelt. Sie unterschieden u. a. deskriptive Definitionen, historische und normative Konzepte, psychologische, strukturalistische und genetische Ansätze (Vgl. Kroeber, A., Kluckhorn, C., 1952). Darüber hinaus existieren zahlreiche andere Einteilungen (Vgl. Kluckhorn, C., Kelly, W., H., 1972).

Im Kapitel zu den Kulturwissenschaften wurde Kultur als historisch gewachsene Sinnkonstruktion aus qualitativer Sicht betrachtet. Darin ist bereits eine Anlehnung an Zivilisation und Bildung enthalten. Auch Kulturanthropologie orientiert sich an Kulturdefinitionen, die ähnlich antinomisch zum Naturbegriff formuliert werden. Bereits Tylor (1832–1917) ging von einer Gleichsetzung der Kulturen und Spezies aus. Er betonte damit die erforderliche Anpassungsleistung jeder Kultur gegenüber der Natur. „Kultur und Zivilisation im weitesten ethnographischen Sinne ist jener Inbegriff von Wissen, Glauben, Kunst, Moral, Gesetz, Sitte und allen übrigen Fähigkeiten und Gewohnheiten, welche der Mensch als Glied der Gesellschaft sich angeeignet hat" (Tylor, (1873), zitiert nach König, R., Schmalfuss, A., 1972, S. 51). Kultur als theoretisches Konstrukt wurde also entscheidend von Kulturanthropologie beeinflusst. Der Begriff bezeichnete zunächst die historisch gewachsenen, komplex gestalteten Orientierungssysteme einer

Volksgruppe. Bis heute ist allen Definitionen gemeinsam, dass sie prinzipiell aus unverwechselbaren Werten, Normen, Einstellungen, Überzeugungen, Idealen etc. bestehen. Ihre symbolische Übertragung geschieht im Rahmen menschlicher Interaktion und Kommunikation. Die Bedeutung dieser Symbolsysteme, die bereits Cassirer und Warburg für Kulturwissenschaften untersuchten, werden gegenwärtig besonders von dem amerikanischen Ethnologen Geertz betont. Als Hauptvertreter einer symbolorientierten Kulturanthropologie orientiert er sich an einem semiotischen Kulturbegriff in Anlehnung an Weber. Er charakterisiert Kultur als ein „selbstgesponnenes Bedeutungsgewebe". Darin sei der Mensch eingewoben. Weber vertrat einen ähnlichen Standpunkt. Er verstand unter Kultur einen mit Sinn und Bedeutung bedachten endlichen Ausschnitt aus der sinnlosen Unendlichkeit des Weltgeschehens (Vgl. Weber, M., 1968, S. 180). Kultur erscheint so als Modell der Selbstinterpretation durch institutionalisierte Handlungen. Sie offenbaren bedeutungsvolle Intentionen und symbolische Gefühlsdarstellungen, die auf einer metatheoretischen sozialen Ebene Statusunterschiede und Hierarchien der Lebenswelt demaskieren (Vgl. Böhme, H., et al., 2000, S. 135f).

Mit der Deutung von kulturellen Symbolsystemen begründet Geertz seinen verstehenden ethnographischen Forschungsansatz: Verstehen „... gleicht eher dem richtigen Erfassen eines Sprichworts, dem Begreifen einer Anspielung oder eines Witzes, oder, wie ich vorgeschlagen habe, dem Lesen eines Gedichtes als einer mystischen Kommunion" (Geertz, C., 1998, S. 314). Er setzt Verstehen von Kulturen mit dem Lesen von Texten gleich und orientiert sich damit an hermeneutischen Ansätzen der Sozialwissenschaften, die Kultur und soziales Handeln als „Text-Analog" begreifen. Eine Textförmigkeit sozialer Wirklichkeit ist aber schon dort als „sprachlich protokollierte Erfahrung" vorformuliert, wo wir auf sozialwissenschaftlich relevante Erfahrungen zurückgreifen und mit ihnen umgehen (Vgl. Bohnsack, R., 2000, S. 93). Im Sinne Geertz ist Kultur ein Ideensystem in den Köpfen der Kulturträger. Es entspricht einem individualistisch ideellen und explikativen Konstrukt verstehender, interpretativer Verfahren, wie z. B. der Ethnomethodologie oder teilnehmender Beobachtung. In seinem Zentrum stehen unsichtbare verhaltenswirksame Dimensionen der Kultur. Dem steht der Begriff Kultur als empirisch erfahrbares Phänomen eines sozialen Gebildes und als integrativer Bestandteil eines jeden Sozialsystems diametral gegenüber. Er gilt als ein objektivistisches deskriptives Konstrukt der quantitativen Forschungsverfahren, betont das Sichtbare einer Kultur (Vgl. Kluckhorn, C., Kelly, W., H., 1972, S. 68).

Die wirtschaftswissenschaftliche Literatur hat sich für die Erklärung von Organisationskultur auf diese kulturanthropologischen und -philosophischen Theorien bezogen. Nicht alle haben entsprechende Bedeutung erlangt. Die dichotomische Grundeinteilung in ein explikatives und deskriptives Kulturverständnis hat hingegen in den Wirtschaftswissenschaften methodologische Fragen zur Organisationstheorie aufgeworfen. Kultur als metaphorisches, idealistisches Ideensystem beschreibt Organisation bereits als Kultur, während im systemtheoretischen Sinne Kultur eher als zusätzliche Variable eines situativen Ansatzes aufgefasst wird. Hier gilt die These: Organisation hat Kultur. Dieses funktionalistisch instrumentelle Kulturverständnis wird als Variablenansatz bezeichnet (Vgl. Dülfer, E., 1991, S. 6). Nach pragmatischen Gesichtspunkten erscheint Kultur hier in seiner prinzipiell sichtbaren Gestaltbarkeit. Ausgehend von der Ist-Kultur werden Soll-Kultur und kulturpolitische Maßnahmen festgelegt. Kultur wird zur strategischen Führungsaufgabe (Vgl. Heinen, E., 1987). Deklarierte und tatsächlich gelebte Werte können sich allerdings offen oder verborgen widersprechen. Darüber hinaus müssen die der Anthropologie und Ethnologie entlehnten Begriffe und deren Phänomene tiefgehend reflektiert werden. Eine Verbindung von Variablenansatz und Metaphernansatz als Ideensystem erscheint daher sinnvoll (Vgl. Marre, R., 1997, S. 13).

So wurden nach jahrelanger, eindimensionaler Orientierung der Wirtschaftswissenschaften an quantitativen Methoden der Analyse, Prognose und des international statistischen Wettbewerbvergleichs qualitative Forschungsperspektiven wieder entdeckt. Sie gelten heute in der Managementlehre/-praxis als die „weichen" Instrumente des Führungshandelns (Vgl. Dülfer, E., 1991, VIII).

Generell ist in den Wirtschaftswissenschaften ein Defizit an konzeptionell metatheoretischen Ansätzen vorzufinden. Sie orientierten sich eher an einem technisch funktionalistischen Paradigma, das Unternehmung als reines Input-Output-System betrachtete. Der Kulturbegriff galt im Erkenntnisobjekt der Wirtschaftswissenschaften als ausgeklammert. Dadurch war der Blick auf das komplexe Geflecht menschlicher Verhaltens- und Denkkategorien in Organisationen eher verstellt (Vgl. Ogilvie, E., 1992, S. 1f).

Die seit 1980 einsetzende Welle der Literatur zur Unternehmenskultur in Amerika und später in Deutschland hatte nicht nur mit einer Überbewertung funktionalistischer Ansätze zu tun, sondern auch andere pragmatischere Gründe. Von Bedeutung war der rasante wirtschaftliche Aufstieg Japans als Land ohne natürliche Ressourcen zu einer Weltwirtschaftsmacht. Aus dieser Verschiebung bzw. Verschärfung des wirtschaftlichen Kräftemessens – als erstes war Amerika betroffen – ist das Interesse an kulturanthropologischer Erkenntnis hinsichtlich Unternehmens- und Nationalkulturen zu erklären (Vgl. Deal, T., B., Kennedy, A., A., 1982). Der Kulturansatz entstand zugleich als Kritik am traditionell analytischen Rationalitätsbegriff. In den westlichen Industrienationen hatte ein stiller kultureller Wandel zum Postmaterialismus begonnen. Frühere Pflicht- und Akzeptanzwerte wurden zugunsten von individualistisch orientierten Zielen der Selbstverwirklichung zurückgedrängt. Der Glaube an Vernunft, Wissenschaft und Fortschritt geriet zunehmend in Zweifel. Dieser kulturelle Wandel führte zu Erschütterungen traditioneller Wertvorstellungen. Zum einen entstanden Zwiespältigkeit, Ratlosigkeit und Unsicherheit, zum anderen ungeahnte Chancen flexibler Lebensentwürfe. Beck bezeichnete die Entwicklung zur Postmoderne als Risikogesellschaft. Der Mensch sehe sich zivilisatorischen Selbstgefährdungspotentialen gegenüber und werde auf sich selbst zurückgeworfen. Für dieses Wegbrechen des Alten und Hervorbrechen des Unerwarteten seien neue Schlüsselbegriffe abzuwägen. Giddens definierte diesen Prozess als den Beginn einer sozialen Reflexivität (Vgl. Pindl, Th., 1998, S. 22).

In den wissenschaftlichen Disziplinen vollzog sich dieser Wandel durch die Überwindung des mechanistisch, monokausalen Weltbildes der Industriegesellschaft zu evolutionären, systemischen Modellen hin. Die Maschine als Metapher für Unternehmen wurde durch die Metaphorik von Organismus und Kultur ersetzt. Demnach war wirtschaftlicher Erfolg nicht länger als Ergebnis optimierter rationaler und technokratischer Entscheidungen zu sehen, sondern als erfolgreiche Bewältigung komplexer Organisationsprozesse. Dazu gehören Wert- und Normsysteme, Traditionen, sowie symbolische, emotionale und soziale Handlungen (Vgl. Schreyögg, G., 2000, S. 623). Insbesondere Nonaka/Takeuchi haben auf den Kontext des holistisch orientierten Kulturbildes und des Wirtschaftserfolges Japans hingewiesen. Sie formulierten ihren Ansatz als Organisation des Wissens und Perspektive des impliziten und expliziten Wissensmanagements (Vgl. Nonaka, I., Takeuchi, H., 1997). Weitere Gründe gingen von neuen Konzepten effizienter Koordination und effektiver Personalführung aus, die mit der Unternehmenskulturforschung verbunden wurden. Sie waren auf die Identifikation des Personals mit neuen Unternehmensbildern ausgerichtet und sollten dysfunktionale Erscheinungsformen zwischen Mitarbeiter- bzw. Unternehmenszielen und –werten verhindern. Denn als symbolischer Träger des Kulturwandels zur Postmoderne galt vor allem das jüngere, gebildete Personal, aus dem sich Fach- und Führungspotential von Unternehmen rekrutieren (Vgl. Marre, R., 1997, S. 8). Unternehmenskulturforschung in den Wirtschaftswissenschaften hat sich zügig entwickelt und eine beachtliche Anzahl von Ansätzen hervorgebracht. Im Rahmen von Globalisierungsprozessen sowie internationalen Konzernvernetzungen wächst auch die Bedeutung vergleichender Forschungsansätze, um geplante Synergieeffekte strategisch effektiv zu organisieren. In Deutschland wurden im Rahmen von Wiedervereinigung und wirtschaftlichem Aufbau der neuen Bundesländer zahlreiche Untersuchungen zu diesem Thema durchgeführt (Vgl. Merkens, H., 1993). Drei verschiedene Ansätze der Organisationskulturforschung werden im folgenden Kapitel vorgestellt.

2.2 Ausgewählte Theorieansätze der Organisationskulturforschung

Die differierenden Akzente der Organisationskulturansätze sind neben verschiedenen Forschungsperspektiven auf unterschiedliche wissenschaftstheoretische Grundannahmen zurückzuführen. Die funktionalistische Sichtweise gründet sich auf ein positivistisches Wissenschaftsverständnis und dient dem potentiellen, faktischen Funktionsbeitrag. Vertreter des Symbolismus bevorzugen ein hermeneutisches Erkenntnisinteresse. Nach Geertz dient Kultur hier dem Verstehen von Organisationswelten. Zugleich soll sie als symbolische Konstruktion vermitteln, wie erfolgreiches Handeln möglich ist (Vgl. Olgivie, E., 1992, S. 67). Trotz dieser Differenzen lassen sich zentral verbindende Aussagen über den Begriff Organisationskultur herausarbeiten.

Schreyögg nennt sechs Aspekte:

1. Unternehmenskultur als implizites Phänomen repräsentiert gemeinsame, symbolisch dargestellte Überzeugungen. Sie wirken identitätsstiftend für die Organisation und begründen ihr Selbstverständnis.

2. Unternehmenskulturen werden gelebt, aber selten reflektiert. Ihre Orientierungsmuster scheinen wie alltägliches Handeln selbstverständlich zu sein.

3. Unternehmenskultur als kollektives Phänomen orientiert sich an gemeinsamen Werten, Normen, Einstellungen und prägt dadurch die Handlungen ihrer Mitglieder.

4. Unternehmenskultur als Produkt von Lernprozessen mit Umwelt- und Koordinationsproblemen filtert scheinbar optimale Lösungen. Sie werden zu institutionalisiertem Handeln, sind aber nur aus der Unternehmenskulturgeschichte zu verstehen.

5. Unternehmenskultur als „konzeptionelle Welt" vermittelt Sinn und Orientierung in einer komplexen Welt. Sie liefert den Organisationsmitgliedern ein Grundverständnis von Selektions- und Interpretationsmustern für Bilder ihrer Aufgabenumwelt.

6. Unternehmenskultur wird in Sozialisationsprozessen vermittelt, aber kaum bewusst gelernt. Sie enthält eine Reihe von Mechanismen, die kulturelle Traditionen an Mitglieder überliefern und als Handlungsanweisungen zu interpretieren sind (Vgl. Schreyögg, G., 2000, S. 624).

Die Reduktion auf diese Kernelemente zeigt eine gewisse Anschlussfähigkeit der verschiedenen Forschungsperspektiven. Die funktionalistische Orientierung verfolgt mit der Organisationskulturforschung konkrete Problemlösungen. Der Kulturansatz des Symbolismus erforscht imaginäre Strukturen – das Archiv des Unbewussten – von Organisationen (Castoriadis, C., 1975). Auch darin sind konkrete Konfliktbewältigungsstrategien enthalten. Beide Ansätze haben also ein gemeinsame Ziel, Lösungen für Kulturprobleme zu entwickeln. Nur die Forschungswege gestalten sich unterschiedlich. Während die funktionalistische Forschung versucht, durch lenkende Prozesse Systemkomplexität zu verringern, will der Metaphernansatz verdeckte, zuweilen verdunkelte Komplexität des Systems erhellen und reflektiert integrieren. Ein sensibles Bewusstsein für „imaginäre Geheimnisse" von Organisationswelten kann als Komplexitätsreduktion fungieren. Insofern integrieren Schreyöggs Thesen eine relative Gestaltbarkeit von Organisationskulturen mit qualitativen Herangehensweisen. Pionier eines solchen Kulturkonzeptes ist Edgar Schein als ein Vertreter der amerikanischen Organisationskulturforschung. Er entwickelte ein Kultur-Modell mit drei Ebenen:

Artefakte, Schöpfungen

- Technologie
- Kunst   sichtbar, aber interpretationsbedürftig
- Verhaltensmuster
                                               ↑

Werte, Normen und Standards

- an der Realität und   teils sichtbar, teils unbewusst
- intersubjektiv überprüfbar
                                               ↑

Basisannahmen

- Umweltbezug   als selbstverständlich vorausgesetzt,
- Realität, Raum, Zeit   unsichtbar, unbewusst
- Wesen des Menschen
- Soziale Handlungen und Beziehungen

Abb. 1 (Vgl. Schein, E., H., 1984, S. 4).

Scheins Modell veranschaulicht die Brisanz organisationskultureller Phänomene und betont ihre Tiefenstruktur. „Der Begriff <Kultur> sollte für die tieferliegenden Grundanschauungen und Überzeugungen reserviert sein, die von den Mitgliedern einer Organisation allgemein vertreten werden, die im Unterbewusstsein wirksam sind und in einer grundlegenden <als sicher angenommenen> Weise das Bild, das eine Organisation von sich selbst und von ihrer Umgebung hat, definieren" (Schein, E., H., 1991, S. 24).

Folgende strukturelle Aspekte einer Organisationskultur lassen sich anhand seines Modells interpretieren:

1. Artefakte, Schöpfungen

Artefakte sind manifeste, sichtbare Ergebnisse menschlichen Handelns in Organisationen. Sie können instrumentell bzw. rein symbolisch wirken. Dabei sind zwei Kategorien unterteilbar:

Artefakte als Ausdruck von Werten, Orientierungen und Grundhaltungen:

Hierzu zählen Außen- u. Innenarchitektur, Kleidung, Sprache, Interaktion, Kommunikation, Accessoires, Einrichtungen, Informationstechnologien, Kommunikationsmedien, Arbeitsplatzstruktur, Empfangsrituale, Hinweistafeln, Modernisierungsgrad, Atmosphären, Stimmungen, Verhaltensweisen und Selektionsmodi.

Artefakte als Medien verschiedener Deutungsmuster:

Sie beinhalten Interpretationen von Kulturmitgliedern, Geschichten, Legenden, Feiern, Riten, Unterschiede der Subkulturen, deren Wirkungen und Schlüsselphänomene. Artefakte und Schöpfungen sind sichtbarer Teil einer Organisationskultur und Ausdruck eines verdeckten Komplexes von Grundhaltungen und Denkweisen. Sie werden weiterentwickelt und auf neue Mitglieder übertragen. Ihre Verständlichkeit ergibt sich erst aus dem Kontext zugrundeliegender Wertvorstellungen (Vgl., Marre, R., 1997, S. 36f).

2. Werte, Normen und Standards

Sie konkretisieren die „basic assumptions" und die mehr oder weniger festgeschriebenen Verbote/Gebote. Dadurch vermitteln sie vor allem Orientierung. Latent vorhandene Verhaltenshinweise werden vom Management aufgegriffen. Sie finden sich in Führungsphilosophien und Leitbildern wieder. Werte, Normen und Standards fokussieren vielfältige Grundhaltungen bzw. „Verhaltensgesetze". Diese geben Kurs für organisatorisches Handeln; selektieren die Wahrnehmung/Interpretation eigenen und fremden Handelns.

3. Basisannahmen

Sie beziehen sich auf die *Umwelt* (Bilder u. Interpretationen der Außenwelt, Konstruktionen von Differenz zur Umwelt), die *Realität*, die *Zeit* und den *Raum* (subjektive „Wahrheitsmodelle" von Sozialsystemen, monochrone/polychrone Zeitauffassungen, verschiedene Raumvorstellungen), das *Wesen des Menschen* (anthropologische Grundauffassung über Menschenbilder) sowie *soziale Handlungen und Beziehungen* (Annahmen über Hierarchien, Emotionen, Konkurrenz, Kooperation, Erfolg, Alter, Herkunft, Geschlecht etc.) (Vgl. Schein, E., H., 1991).

Die handlungsleitenden Vorstellungsmuster bilden ein Netz von „Weltanschauungen", wobei allerdings die dritte Ebene mit den selbstverständlichen Grundannahmen manifestierend für das innere Wesen der Kultur wirkt.

Die drei Ebenen sind gemeinsam Spiegel und Fenster des Weltbildes einer Organisation. Untersuchungen hierzu vermitteln daher tiefe Einblicke in Organisationsereignisse. Daraus können sich Gestaltungsstrategien für Management und Innovation ergeben. Die externe Erschließung einer Organisationskultur beginnt im Sinne Scheins bei den Artefakten, also bei ihren sichtbaren Elementen. Erzählte Geschichten, Sprache und sozialer Umgang, Kleidung, Räume, Gebäude sowie die historische Entwicklung der Organisation dienen einem ersten Verständnis. Teilnehmende Beobachtung bei Sitzungen bzw. Gremien sowie Einzel-, Gruppeninterviews und Firmendokumente sind weitere Quellen. Sie geben Aufschluss über implizite Orientierungs- und Vorstellungsbilder einer Organisationskultur, die strukturübergreifend intersubjektiv reproduziert und verbreitet werden. Die Entschlüsselung einer Kulturgestalt als Ergebnis eines kreativen Forschungsprozesses unterliegt dabei keiner festen Systematik. Ein komplexes, differenziertes Weltbild der Organisation ergibt sich vielmehr aus der verstehenden Interpretation sämtlicher Materialien und Deutungsmuster ihrer Mitglieder.

Ein erstes strukturelles Raster zur Einschätzung von Kulturmustern können Typologien sein (Ansoff, Pümpin, Kets de Vries und Miller). Das Konzept der Kulturtypen von Deal und Kennedy gilt bis heute als besonders praxisnah und anschaulich (Vgl. Deal, T., B., Kennedy, A., A., 1982).

1. Alles-oder-Nichts-Kultur

Sie verkörpert den vollen Individualismus. Risiko- bzw. tempoorientiertes Handeln und unkonventionelle Ideen stellen Erfolgsgaranten dar. Diese bestimmen Status, Einkommen und Macht. Jugendlichkeit, Kreativität sowie Flexibilität sind tragende Werte und finden sich im äußeren Erscheinungsbild oder im Jargon wieder. Erfolg führt zu rasantem Aufstieg, Misserfolg zu schonungslosem Fall. Nur erfolgsbezogene Emotionen sind gestattet. Erhöhtem Starmythos entsprechend wird Erfolg nicht geschlechtsbezogen gesehen. Die Bedeutung von Mystik wie Esoterik symbolisiert grenzenlose Entwicklungen.

2. Brot-und-Spiele-Kultur

Als Leitmaxime gelten unbegrenzt nutzbare Umweltmöglichkeiten. Sie bieten Chancen ungeahnter Aktivitäten. Außenorientierte Kommunikation ist alles. Daher zählt ein gewinnendes Auftreten, unkomplizierte, interne Kooperation und eine an die Sportwelt angelehnte Sprache („mal gewinnt man, mal verliert man", „Halbzeit", „Eigentor", „gelbe Karte", „Abseits"). Hierzu gehören auch Heldenmythen, z. B. der Verkauf von Kühlschränken an Eskimos.

3. Analytische Projektkultur

Devise dieses Organisationsmodells ist die wissenschaftlich rationale Erkenntnis als Entscheidungsgrundlage. Umwelt wird eher als Bedrohung verstanden. Analyse und Prognose stabilisieren das Sicherheitsbedürfnis. Konventionalität, Traditionalität und schrittweise Stufenkarrieren bilden langfristige Zeitperspektiven ab. Gereiftes Alter und Mentorenhaltung Jüngeren gegenüber entsprechen einem wertkonservativen Hierarchiemodell. Sprache, Kleidung, Sozialverhalten und Emotionen sind daher an Zurückhaltung gebunden.

4. Prozesskultur

Gesamtziele werden der Prozessorientierung untergeordnet. Tragende Werte sind Perfektion und Diskretion hinsichtlich der Arbeitsgestaltung. Zur Absicherung wird alles dokumentiert und registriert. Selbst unter schwierigsten, ungerechtesten Arbeitsbedingungen gilt fehlerfreie Leistung als oberstes Gebot und Heldenmythos. Statussymbole, Privilegien und hierarchische Muster sind bestimmend. Ihr Stellenwert liegt höher als der finanzielle Gewinn. Daher werden Intrigen und Gerüchte über Beförderungen gepflegt.

Diese Skala der Kulturtypen kann nur als grobe Einschätzung zur Orientierung von Alltagserfahrungen dienen. Sie enthält Hinweise auf markante „basic assumptions" im Sinne des Schein-Modells und bietet einen Einstieg in die Kulturanalyse. Ihre Gefahr liegt im starren „Herunterbrechen" komplexer Organisationsstrukturen auf festgelegte Kategorien (Schreyögg, G., 2000, S. 632f).

Während Scheins drei Kulturebenen den inneren Aufbau und Deal/ Kennedys Typologie vier verschiedene Grunddimensionen von Organisationskulturen fixieren, soll als letzter Ansatz das Konzept von Bleicher vorgestellt werden. Er geht von einem ganzheitlich, kulturbezogenen und eher hermeneutischen Kulturverständnis aus und integriert darin strategisch funktionalistische Orientierungen. Unternehmenskultur gestaltet sich für ihn durch die grundlegenden Muster von nicht mehr hinterfragten, selbstverständlichen Voraussetzungen des Verhaltens und Handelns in einer Unternehmung. Sie führen letztendlich zu einer „kollektiven Programmierung menschlichen Denkens", die über ein System von Symbolen, Mythen, Zeremonien, Ritualen und Erzählungen kommuniziert und sichtbar werden (Vgl. Bleicher, K., 1991, S. 113). Unternehmenskultur wird demnach in evolutionären Prozessen von den Mitgliedern internalisiert und – entsprechend der drei Ebenen von Schein – in Grundeinstellungen festgeschrieben. Harmonische Organisationskulturen verkörpern für Bleicher eine hohe Systemintegrität nach innen und außen.

Beziehungszusammenhang von Strategien und Kulturen

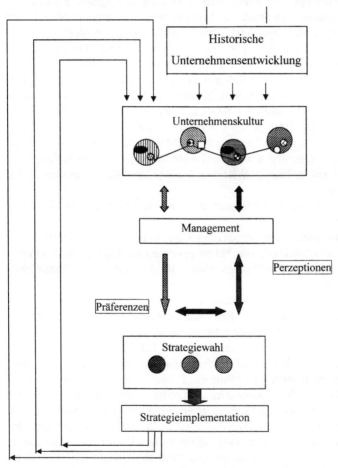

Abb. 2 (Vgl. Bleicher, K., 1991, S. 115)

Für Mitglieder verdichten sie einen sicheren „Verhaltenskorridor", der ihnen Anleitung für zukünftig antizipiertes Handeln gibt. So fungiert Unternehmenskultur als „Katalysator" von Innovation und Tradition in der sozialen Evolution der Unternehmung. Bleicher vertritt ein umfassendes Verständnis von Unternehmenskultur, in dem er es mit Unternehmensstrategie, -verfassung und -politik in Beziehung setzt.

Die abgebildete Graphik veranschaulicht die gegenseitige Interdependenz der strategischen Gestaltung und kulturellen Entwicklung einer Organisation bzw. Unternehmung. Zum einen lenkt die Unternehmenskultur implizit die Wahl und Implementierung von Managementstrategien. Zum anderen sind bisherige, mit Erfolg oder Misserfolg durchgesetzte Strategien, Teil der Geschichte geworden. Als historische Kulturelemente beeinflussen sie durch innere Haltungen und Verhaltensorientierungen rückwirkend die Auswahl zukünftiger Strategien sowie deren Implementierungschancen oder -risiken. Jede Unternehmung verfügt über dieses kulturelle Erbe von Versuchen, durch Strategien Kultur explizit zu verändern. Diese Geschichtlichkeit – durchaus im Verständnis historischer Anthropologie – prägt auch zukünftige Entwicklungen hinsichtlich ihres Erfolges bzw. Misserfolges (Vgl. Bleicher, K., 1991, S. 114). Bleicher betrachtet Unternehmenskultur als relatives strategisches Instrument des Managements. Die Abstimmung zwischen Strategien und Kulturprofil sieht er in der aktiven Kulturpolitik der Führungskräfteplanung. Wichtige Aspekte sind für ihn in diesem Zusammenhang:

1. Austausch von Kulturträgern auf der Leitungsebene von Geschäftsfeldern
2. Aufbau eines Nachwuchses mit progressiven Kulturelementen
3. Personalentwicklung von Führungskräften mit kognitiven, emotionalen und strategie-konformen Werten für den Aufbau von Zukunftspotentialen
4. Rotation von Führungskräften
5. Wandel der Anreiz- und Belohnungssysteme für Führungskräfte mit besonders verhaltenssteuernden Dimensionen

Eine Kulturrevolution ist nach Bleichers Konzept der zeitabhängigen evolutionären Ausbildung und Veränderung von Kultur immer mit dem Wechsel von Kulturträgern verbunden. Betont innere Kulturharmonie als identitätsstiftender Stabilisator eines Unternehmens kann in Zeiten des Wandels durch beharrende Vergangenheitsorientierung auch blockieren. So bezeichnet Bleicher die Pflege von „counter cultures" – „Gegensubkulturen" – als sinnvoll. Sie hinterfragen die etablierte Kultur und wollen sie in Bewegung halten. Insofern können sie eine funktionale Systemstrategie darstellen (Vgl. Bleicher, K., 1991, S. 122f).

Diese drei dargestellten Ausschnitte von Kulturkonzepten stehen stellvertretend für die unterschiedliche Akzentuierung in der Organisationskulturforschung. Dülfer benennt, bezogen auf ihre Geschichte, drei Diskussionsrunden als wesentlich. Die erste ging vom amerikanischen Kulturraum aus. Ouchi, Pascale/Athos, Deal/Kennedy und Peters/Waterman galten als die „new management thinkers". Sie gaben den Anstoß für die Entwicklung der Organisationskulturforschung. Dabei stand zunächst aus den erwähnten Gründen der interkulturelle Vergleich im Vordergrund. Eine zweite Runde war die Rezeption im deutschen Sprachraum. Erste Beiträge kamen u. a. von Bleicher, Matenaar und Ulich.

Corporate Identity, Managementtechniken, Führung im Mitarbeiterverhältnis, Teamorientierung und kooperativer Führungsstil, Humanisierung der Arbeit, Gruppenarbeitsmethoden und lebenslanges Lernen waren hier die zentralen Stichworte. Daran anknüpfend wurde sie auch Thema der Arbeits-, Organisations- und Wirtschaftspsychologie und mit Konzepten des Human-Relations-Ansatzes, der Personaltrainings- und -entwicklungsmaßnahmen wie der Organisationsentwicklung verbunden (Vgl. Weinert, A., B., 1998, S. 668ff, Liepmann, D., de Costanzo, E., 1997, S. 105ff u. ders., et. al, 1995, S. 137ff). Die dritte Runde versuchte die inzwischen allumfassenden Begriffe zum Organisationskulturmanagement und sämtliche wichtigen Forschungsergebnisse methodologisch und wissenschaftstheoretisch zu ordnen. Hier sind vor allem Frese, Kieser u. Kubicek, Staehle und Heinen zu erwähnen. Fast alle deutschen Autoren bezogen sich als Grundlage auf das am Anfang dargestellte Drei-Ebenen-Modell von Schein (Vgl. Dülfer, E., 1991, S. 9ff).

2.3 Personalentwicklung in der Managementforschung
– organisationspsychologische und historisch-anthropologische Perspektiven

Die ausgewählten wirtschaftswissenschaftlichen Ansätze der Organisationskulturforschung zeigen entsprechend den kulturwissenschaftlichen Konzepten, dass die Kultur einer Organisation bis tief in die Persönlichkeitsstruktur ihrer Mitglieder hineinreichen und dort verankert sein kann. Ihr strategischer Einfluss als Steuerungsinstrument durch das Management eines Unternehmens wird heute allerdings, wie z. B. aus Bleichers Ansatz erkennbar, wegen der gegenseitig reflexiven Wirkungen als begrenzt bezeichnet.

Management ist immer Teil der Erscheinungsformen von Organisationskultur (Vgl. Holling, H., Müller, G., F., 1995, S. 64). Im Sinne historischer Anthropologie bleibt die Managementforschung daher in seinen komplexen, symbolischen Handlungen an die eigene organisationskulturelle Geschichte und damit an das Prinzip doppelter Historizität gebunden. Einerseits umfasst ihr Gegenstand den „... Komplex von Steuerungsaufgaben, die bei der Leistungserstellung und -sicherung in arbeitsteiligen Systemen erbracht werden müssen" (Vgl. Schreyögg, G., 2000, S. 7). Andererseits unterliegen wissenschaftliche Konstrukte der selektiven Erkenntnis ihrer Urheber, der jeweiligen Zeit und sozialen Umwelt. Die Metaphern der Organisationsforschung von Morgan veranschaulichen diese Einbettung wissenschaftlicher Begriffe in historisch sinnhafte Zusammenhänge besonders deutlich (Vgl. Scholl, W., 1995, S. 411ff).

Aus dieser Perspektive steht Personalentwicklung als Subsystem einer Organisation bzw. eines Unternehmens in doppelter Hinsicht in Beziehung zur Organisationskultur. Als strukturelles Koordinationsinstrument des Managements kann sie von zwei Ausgangspositionen betrachtet werden:

1. Personalentwicklung als Institution ist in eine Organisationskultur als Umwelt eingebettet. Ihre Aufgabe umfasst die gezielte Förderung und Unterstützung der Mitarbeiter/Innen während ihres Enkulturations- und Sozialisationsprozesses, in dessen Verlauf sie in die gelebte Organisationskultur hineinwachsen. Dabei bestehen in dem komplexen, durchlässigen System der Personalentwicklung in einem gewissen Rahmen organisationskulturelle Gestaltungsmöglichkeiten. Eine weitere Funktion liegt daher in der kreativen Innovation zukünftiger organisationskultureller Orientierungsmuster (Vgl. Liepmann, D., et. al, 1995, S.161).

2. Personalentwicklung ist selbst Ausdruck der historisch entwickelten Organisationskultur und Arbeitsweisen. Sie spiegelt die manifestierten unternehmensspezifischen Grundhaltungen, Werte und Normen wieder (Vgl. Marre, R., 1997, S. 83).

Der Enkulturations- bzw. Sozialisationsprozess neuer Mitarbeiter/Innen kann also als „Schnittstelle" zwischen individueller Persönlichkeit und spezifischer Organisationskultur bezeichnet werden. Treten neue Mitarbeiter/Innen in ein Unternehmen ein, besteht zunächst eine gewisse Inkongruenz bezüglich der Ziele, Werte und Einstellungen zwischen den einzelnen und der neuen Umwelt. Eine Auflösung dieser Inkongruenz ist durch gegenseitige Anpassungsprozesse möglich. Die Vermittlung bzw. Aneignung verbindlich geltender Normen und Wertvorstellungen eines Unternehmens als Anpassungsprozess der Mitarbeiter/Innen wird Sozialisation genannt. Begriffe wie Personalisation oder Individuation bezeichnen hingegen die Bemühungen der einzelnen, auf ihre Umwelt Einfluss zu nehmen und diese aktiv mitzugestalten (Vgl. Marre, R., 1997, S. 72).

Diese anfängliche Inkongruenz ist vor allem durch einen relativ hohen Anpassungsdruck der einzelnen Mitarbeiter/Innen an ihre neue Umwelt gekennzeichnet, während die Einflussnahme auf die bestehende Arbeits- und Organisationskultur zunächst geringer ist. Aus historisch-anthropologischer Perspektive liegt hier in der von Gehlen formulierten Plastizität des einzelnen Individuums die Chance zu intelligentem Handeln als kompensatorische Kulturaneignung. Sie zeigt sich bei der Arbeitsaufnahme in Unternehmen häufig in Verhaltensunsicherheiten, die sich als positive Voraussetzung einer fast unendlichen Lernfähigkeit und sozialkulturellen Variabilität erweisen kann (Vgl. Henecka, H., P., 1997, S. 72).

Wesentliche Faktoren des Anpassungsdrucks ergeben sich für neue Mitarbeiter/Innen aus folgenden gruppendynamischen Aspekten:

– der Situation der „new comer", denen besondere Aufmerksamkeit gilt
– aus der relativen Unkenntnis und Indeterminiertheit hinsichtlich informeller wie formeller organisationsspezifischer Arbeitszusammenhänge
– den gruppenbezogenen Kohäsionsbestrebungen („groupthink")
– den sozialen und psychologischen Bedürfnissen der einzelnen nach Akzeptanz bzw. Integration in die Gruppe

(Vgl. Schäfers, B., 1998, S. 81ff u. Weinert, A., B., 1998, S. 347ff).

Sozialisation in einem Unternehmen wirkt in diesem Zusammenhang als multidimensionaler Prozess auf verschiedenen Ebenen. Als Begriffsverständnis hat sich heute eher eine allgemeine Definition von Sozialisation durchgesetzt, die sowohl die Bedingungen der Genese, als auch den erfahrungswissenschaftlichen Horizont der Sozialisationsforschung umfasst. Demnach ist Sozialisation „... die Entwicklung der Persönlichkeit aufgrund ihrer Interaktion mit einer spezifischen materiellen und sozialen Umwelt" (Vgl. Geulen, D., 1997, S. 1409).

Dahinter verbirgt sich die Annahme, dass Sozialisation nicht deterministisch, sondern als eine komplexe wechselseitige Beziehung zwischen Subjekt und Umwelt zu verstehen ist. Sozialisation ist daher als weitgefasster und lebenslanger Prozess zu verstehen, der in späteren Lebensaltern und sämtlichen institutionellen Kontexten stattfindet. Personalisation als intrapsychische Persönlichkeitsbildung und Individuation als psychologischer Zustand oder aktive Differenzierung einer Person von anderen Menschen in sozialen Bezügen sind demzufolge darin eingeschlossen (Vgl. Zimbardo, Ph., 1995, S. 717).

Verschiedene Ebenen beruflicher Sozialisation beziehen sich auf vielschichtige Prozesse des Aneignens von Fähigkeiten, Kenntnissen, Motiven, Orientierungen und Deutungsmustern, die in die Arbeitstätigkeit eingebracht werden. Das Sozialisations-Selektions-Problem umschreibt dabei die Frage, ob Personen in eine Organisation selbstselektierend eintreten, weil sie bestimmte Eigenschaften haben oder diese in dem Unternehmen erst sozialisierend ausgebildet werden. Analog zu der gewählten Begriffsdefinition von Sozialisation wird dieses Phänomen als reziprok interagierendes Forschungsproblem behandelt (Vgl. Semmer, N., Udris, I., 1995, S. 155f). Verschiedene Faktoren beruflicher Sozialisation lassen sich beispielhaft zusammenfassen:

- Aneignung der tätigkeitsspezifischen Leistungsstandards
- Aufbau von stabilen und befriedigenden Arbeitsbeziehungen
- Aneignung von Wissen über formelle/informelle Strukturen und über die Unternehmensgeschichte
- Erlernen der tätigkeitsbezogenen und unternehmenstypischen Kommunikation
- Internalisierung von Zielen und Werten des Unternehmens bzw. der Unternehmenskultur im Sinne des Drei-Ebenen-Modells von Schein

Sozialisation wäre hier als Lernprozess zu verstehen, denen verschiedene Lerninhalte zugrunde liegen. Aus historisch-anthropologischer Sicht scheinen dafür zwei Voraussetzungen von elementarer Bedeutung zu sein: Sinnlichkeit und Reflexion. Beide Instanzen verändern sich mit der Erfahrung, sind also abhängig von Lernen. Was sie an einzelnen und komplexen Ideen übertragen, konstruiert die innere Welt, und zwar unabhängig davon, ob Ignoranz oder Wissen entsteht. In Anlehnung an John Locke liegt der Vorrang des Lernens darin, dass alles was innen ist, von außen kommt. Die Sätze der Erfahrung sind „imprinted on the minds". Lernen kann demnach jeden gegebenen Zustand verändern, nur nicht auf einmal. In diesem Sinne bleibt Lernen immer an Kultur gebunden (Vgl. Oelkers, J., 1997, S. 750f). Daher verwenden einige Autoren in diesem Zusammenhang auch den Begriff der Enkulturation durch Personalentwicklung. Darunter wird einerseits die ungeplant verlaufende Sozialisation und anderseits die geplante „Kulturerziehung" der Mitarbeiter/Innen durch Organisationen und Unternehmen gefasst (Merkens, H., Schmidt, F., 1988). Enkulturation wäre dann jener Prozess, in dem Individuen und soziale Gruppen in die Muster einer bestehenden Kultur hineinwachsen – vor allem durch die Internalisierung gegebener Werte und Normen in verschiedenen Handlungsbereichen (Vgl. Schäfers, B., 1998, S. 18). Bezogen auf die beiden Ausgangspositionen der Personalentwicklung und ihrer Funktionen als Subsystem des Managements liegt heute ihre Beziehung zur Organisationskultur vor allem darin begründet, wie solche Lernkulturen der Sozialisation und Enkulturation in Unternehmen gelebt werden können. Lernen in postmodernen Lernkulturen „... heißt investieren in die Qualität des Denkens, in die Fähigkeit zur Reflexion, in den Aufbau gemeinsamer Visionen und in die gemeinsame Erkenntnis von komplexen Unternehmensfragen" (Vgl. Pindl, Th., 1998, S. 129). Die wachsende Bedeutung der Personalentwicklung in der Managementforschung ist u. a. auf die rasanten Veränderungen beruflicher Anforderungen, auf den gesellschaftlichen postmodernen Wertewandel und die internationalen Globalisierungsprozesse zurückzuführen. Diese Entwicklungsprozesse verliefen vor allem parallel zu den gesellschaftlichen Herausforderungen, die mit den neuen Technologien verknüpft werden. Ihren Ursprung hat Personalentwicklung in der eher angebotsorientierten betrieblichen Weiterbildung, die unter der veränderten Bezeichnung seit ca. Anfang 1980 aus den genannten Gründen eine markante Aufwertung innerhalb der Managementforschung erhielt. Zunächst standen in der Praxis bedarfsorientierte Konzepte im Vordergrund, die in strukturfunktionalistischer Wissenschaftstradition das Schema Planung – Durchführung – Kontrolle favorisierten. Aufgrund steigendem Innovationsdruck und theoretischen Neuorientierungen ist inzwischen eine Abkehr von den kausaldeterministischen Phasenschemata der bedarfsorientierten Personalentwicklung zu bemerken. Systemische, interaktionistische und strukturationstheoretische Forschungsansätze finden nun mehr in der Personalentwicklung verbreitet Anwendung und stehen stellvertretend für einen Paradigmenwechsel. In deren Folge wird der Gedanke deterministischer Plan- und Steuerbarkeit unternehmerischer Prozesse weitgehend zugunsten eines neuen Paradigmas der lernenden Organisation aufgegeben (Vgl. Hanft, A., 1998, S. 410f). Der am Human Ressource Management angelehnte Ansatz des Organisationslernens akzentuiert die Vernetzung der Entwicklung von Mitarbeiter/Innen mit der von Organisationsstrukturen als rekursiver Prozess, um den Wandel des Gesamtsystems zu fokussieren. In diesem Zusammenhang haben Argyris/Schön die Lernkategorien des single loop, double loop und deutero-learning auf Organisationen übertragen und weiterentwickelt (u. a. Argyris, Ch., Schön, A., D., 1978). „Die Entfaltung der Humanpotentiale auf allen Hierarchieebenen und die frühzeitige Abstimmung von Personal- und Organisationsentwicklung, so wie sie im Konzept der lernenden Organisation thematisiert werden, gelten vor diesem Hintergrund als zentrale Bestandteile eines zukunftsorientierten innovationsfähigen Unternehmens" (Vgl. Liepmann, D., de Costanzo, E., 1997, S. 122).

Diese Verbindung von Personal- und Organisationsentwicklung richtet ihren Blick besonders auf tieferliegend vernetzte, normative Grundhaltungen, Macht- und Einflusssysteme – kurz – die Unternehmenskultur.

Personalentwicklung gilt als Teilgebiet der Personalwirtschaft und wird funktional in vier systematische Phasen gegliedert: Die Ermittlung des Entwicklungsbedarfs (Ziele, Inhalte), die Formulierung eines Entwicklungsprogramms (Auswahl geeigneter Methoden), die Durchführung der

Maßnahmen und die Evaluation des Entwicklungserfolges (Vgl. Schrey-ögg, G., 2000, S. 715). Generell stellt sie ein zentrales Gebiet der Organisationspsychologie dar. Als relativ junger Funktionsbereich innerhalb der Managementforschung ist der Begriff mittlerweile so weit ausdifferenziert worden, dass ein einheitliches Verständnis von Personalentwicklung nicht mehr gegeben ist.

Typische Verfahren und Maßnahmen lassen sich nach Holling/Liepmann wie folgt zusammenfassen:

„Die Personalentwicklung umfasst Bildungs-, Beratungs- und Planungsmaßnahmen, Maßnahmen zur Gestaltung von Arbeits- und organisatorischen Bedingungen sowie Kombinationen dieser Maßnahmen zur Förderung der beruflichen Qualifikation."

Ein von ihnen entwickeltes Modell unterscheidet vier verschiedene Gruppen von Personalentwicklungsmaßnahmen:

„1. Verfahren zur Veränderung der beruflichen Kompetenz, vor allem durch die berufliche Aus- und Weiterbildung,
2. Verfahren zur Veränderung der beruflichen Anforderungen, insbesondere durch die Änderung von organisatorischen Bedingungen und Arbeitsbedingungen,
3. Verfahren zur Steuerung der Personalentwicklung durch Information, Planung, Beratung und Feedback,
4. Verfahren, die mehrere Maßnahmen aus den genannten Kategorien umfassen bzw. integrieren, wie z. B. soziotechnische Maßnahmen oder Human-Ressource-Programme"
(Holling, H., Liepmann, D., 1995, S. 286f).

Diese Maßnahmen und Verfahren entsprechen den genannten Faktoren beruflicher Sozialisation. Sie lassen sich auf die von Schreyögg zitierten sechs zentralen Aspekte zur Organisationskultur, auf das Drei-Ebenen-Modell von Schein und den strategischen Ansatz von Bleicher anwenden. Bildung, Qualifikation und Verhalten in Abstimmung zu organisatorischen Veränderungen im Sinne einer lernenden Organisation stellen demnach die organisationspsychologischen Schlüsselbegriffe der Personalentwicklung dar. Lernprozesse, Lerninhalte, Lernkulturen und die „konzeptionelle Wirklichkeit" der Organisation liefern dafür vordergründig den sozialisatorischen Rahmen. Darin wirken jedoch wie einzelne Puzzleteile implizite organisationskulturelle Phänomene, die in symbolisch dargestellten Anschauungen und Ritualen ihren Ausdruck finden. Als kulturell gelebte Traditionen, Artefakte, kollektive Werte, Normen, Standards und vor allem als „basic assumptions" werden sie von den Mitarbeiter/Innen mehr oder weniger bewusst absorbiert und in ihre individuell entworfenen Unternehmensbilder integriert.

Weinert stellt eine Auswahl von Personaltrainings- und -entwicklungstechniken vor, die deren herausragende Bedeutung und Intensität für Kulturübertragung unterstreicht. Sie umfasst Job enrichment, -enlargement,

-rotation, Arbeitsgruppe, Brainstorming, Planmäßige Unterweisung/Einarbeitung, Einführung neuer Mitarbeiter, Erfahrungsaufenthalt (Praktikum, Förderkreise), Fachlehrgang, Fallstudie, Gruppenberatungsgespräch, Gruppendynamisches Training, Konferenz, Fachtagung, Messe, Laufbahn-/Nachfolgeplanung, Lehrgespräch, Lernstatt, Mitarbeiterberatung, Nachfolge-/Assistentenstelle, Entwicklungsarbeit, Planspiel, Programmierte Unterweisung, Projektarbeit, Qualitätszirkel, Referat, Rollenspiel, Stellvertretung, Teamentwicklung, Teamtraining, Teilautonome Arbeitsgruppe, Traineeprogramm, Übungs-/Juniorenfirma, Verhaltenstraining bis zum Workshop (Vgl. Weinert, A., B., 1998, S. 715).

Die Fülle der möglichen Interventionen zeigt, wie komplex soziale Prozesse der Kulturaneignung gestaltet sein können. Denn erst das Einwirken auf Wahrnehmung, Denken und Persönlichkeit von Mitarbeiter/Innen garantiert deren Bildung entsprechend dem „Geist und Stil eines Hauses". Diese Metapher enthält die gesamten impliziten, symbolischen Kulturebenen einer Organisation (Vgl. Kompa, A., 1990, S. 43). Inhalte der Personalentwicklung beziehen daher die Persönlichkeit von Mitarbeiter/Innen ein.

Dabei werden fünf Dimensionen von Holling und Liepmann herausgestellt:

1. Sensumotorik
2. Kognition einschließlich beruflicher Kenntnisse, Entscheidung, Problemlösung, Kreativität, Beurteilung und Selbsterfahrung
3. Motivation, Werthaltungen, Einstellungen
4. soziale Interaktion mit den Themen Führung, Konflikte, Kommunikation, Rhetorik und Moderation
5. Allgemeine Arbeitstechniken, z. B. Umgang mit EDV, Fremdsprachen, Arbeits- und Zeitmanagement, Arbeitssicherheit und Stressbewältigung

(Vgl. Holling, H., Liepmann, D., 1995, S. 296)

Sie setzen eine „kulturelle Erlernbarkeit" von Wahrnehmung, Denkstilen und Verhalten voraus und haben einen herausragenden Stellenwert in der Personalentwicklung, der Management- und Organisationsforschung.

Für die Betrachtung dieses Kultureinflusses auf die Persönlichkeit von Mitarbeiter/innen durch Personalentwicklung ist ein anthropologischer Exkurs besonders sinnvoll. Wahrnehmung bezieht sich nicht nur auf die sensorische Wahrnehmung, sondern auch auf die Wahrnehmung von Erkenntnissen und des eigenen Wirkungskreises. Visuelle Wahrnehmung besitzt einen Ort in der Typologie des Denkens. Dieser Ort ist nicht eindeutig und hat sich schon oft verlagert. Das wird in dem Unterschied zwischen sinnlicher Wahrnehmung und empathischer Anschauung deutlich. Seit frühester

Zeit der menschlichen Evolutionsgeschichte hat sich ein Gefälle zwischen niedrigem, einer rein sinnlichen Wahrnehmung, und höherem Sehen als intellektuelle Anschauung bzw. Denken entwickelt. Sinnliche und intellektuelle Anschauung treten gegeneinander auf. In der westlichen Welt ist der Wahrnehmungsgehalt und das Denken rationalisiert. Der Vorgang des sinnlichen Sehens wird auf die intellektuelle Erkenntnisfähigkeit übertragen. Wahrnehmung ist also nicht nur historisch, sondern auch kulturell bedingt. Erkenntnis kann über das Sehen geschehen und vollzieht sich dort in einer Art visueller Kommunikation (Vgl. Boehm, G., 1997, S. 272ff). Wahrnehmung und Denken sind also eng miteinander vernetzt. Während offenkundig nur rationale Qualitätsanforderungen in der Personalentwicklung vermittelt werden, finden auf einer tieferen sinnlichen Wahrnehmungsebene symbolische Kulturübertragungen statt, die vieldeutig und komplex zu interpretieren sind.

Als weitere bedeutsame menschliche Konstante ist der Vergleich als Grundlage des modernen Wettbewerbs ein wichtiges Instrument für Verhaltensausrichtungen in der Personalentwicklung. Er bleibt nie folgenlos, sondern erfüllt uns entweder mit Freude und Stolz oder mit Niedergeschlagenheit. Rivalität, Eifersucht und Neid resultieren daraus. Sie prägen bis heute den Konkurrenzgedanken liberaler Unternehmensbildung, mit dem der eigene Vorteil ohne Rücksicht auf den Nächsten verfolgt werden kann. Alle traditionellen Kulturen sind daher ungeachtet ihrer Verschiedenheit Neidkulturen. Auf den Unterschied zwischen abendländischer Schuld- und asiatischer Schamkultur sei an dieser Stelle nur hingewiesen (Vgl. Olgivie, E., 1992, S. 58).

Die Begegnung mit dieser Wirklichkeit von Organisationen konstituiert sich z. B. in Leitungsstufen, Führungsstilen, Beurteilungs- und Entlohnungssystemen, Karrieremöglichkeiten, Coachings oder Teambildungsprozessen. Sie zwingt den einzelnen im Rahmen der Personalentwicklung zur konstruktiven Auseinandersetzung mit der vorgelebten Organisationskultur, bisherigen individuellen Gewohnheiten, kann Tiefen erschüttern und ist immer ein Appell an den letzten menschlichen Kern (Vgl. Bollnow, O., F., 1994, S. 90). Darüber hinaus versuchen seit einiger Zeit moderne, mobile Organisationen aus verschiedenen Gründen Ethik als Gegenstand von Unternehmenskultur zu implementieren. Denn es fällt immer schwerer, vor unbegrenztem rastlosem Wachstum, Verelendung weiter Teile der Weltbevölkerung, zahlreichen Bestechungsaffären und den vielfach fahrlässigen Umgang mit Menschen im Namen des Gewinns die Augen zu verschließen (Vgl. Ridder, H.-G., 1993, S. 107). Diese kulturellen Strömungen fließen in Inhalte der Personalentwicklung ein und beeinflussen geplant oder ungeplant die Motivation und das Verhalten von Mitarbeiter/Innen.

Personalentwicklung versucht, die fragmentarisch dargestellten Themen – besonders die Ausbildung zukunftsweisender sozialer wie emotionaler Kompetenzen – zu behandeln und qualitativ umzusetzen. Im Rahmen der Humanisierungsprozesse in der Arbeitswelt und der Hinwendung zu anspruchsvollen Tätigkeiten wäre hier eine Verbindung von funktionalistischen mit symbolorientierten kulturwissenschaftlichen Ansätzen sowohl in der Praxis, als auch in der Managementforschung sinnvoll. Dadurch kann eine interdisziplinäre Weiterentwicklung und wissenschaftlich reflexive Vertiefung dieses komplexen Gebietes gewährleistet werden. In diesem Sinne ist zukünftig die Implementierung von „Dialogkulturen" als zentrale Tugend postmoderner Unternehmenskultur eine wichtige Aufgabe der Personalentwicklung (Vgl. Pindl, Th., 1998, S. 127).

2.4 Zur Theoriediskussion der beruflichen Weiterbildung als Teildisziplin der Erziehungswissenschaften/ Erwachsenenbildung

Die herausragende Bedeutung von Personalentwicklung und beruflicher Weiterbildung entwickelt sich heute besonders vor dem Hintergrund einer neuen Weltoffenheit von Wirtschaft und Gesellschaft mit starken Individualisierungs- bzw. Pluralisierungstendenzen. Multimediale Technologien, verkürzte Halbwertzeiten des Wissens sowie das Infragestellen einmal erworbener Fähigkeiten, Fertigkeiten und Arbeitssysteme ziehen einen radikalen Wandel der Lebenswelten nach sich. Sie weisen auf eine neue, sich am Horizont abzeichnende Gesellschaftsordnung hin – die Wissens- und Weltgesellschaft (Vgl. Beck, U., 1999, S. 230f).

Weiterbildung wird in diesem Zusammenhang zur „Wärmemetapher" (Luhmann). Denn kaum ein bildungstheoretisches Dokument von Relevanz kann heute darauf verzichten, ihre zukunftsweisenden Aufgaben und ihren besonderen Stellenwert als quartärer Bildungsbereich hervorzuheben (Vgl. Arnold, R., 1999, S. 245). Die Vorstellung, dass Bildung bzw. Weiterbildung und Wissenschaft der Welt und den Menschen ihre Geheimnisse entlocken könnten, ist zwar verführerisch, aber dennoch eine unzureichende Einschätzung des Wissens gegenüber dem Nichtwissen. Max Webers wissenschaftliche Intention, die Welt zu entzaubern und ihre Geheimnisse zu lüften, diente eher dem Versuch, zugunsten scheinbar eindeutiger Rationalität bzw. Effektivität verunsichernde Komplexität reduzieren zu wollen. Der Mensch und die Welt geben ihre Geheimnisse nicht preis. Rationale Abstraktionen wie Medialisierungen lassen sie an einem Ort verschwinden und an anderen Orten symbolisch neu gewandelt entstehen. Dahinter verbirgt sich der offene, vieldeutige Charakter anthropologischen Wissens und die Einsicht in eine spannungsreiche Komplexität der Weltbetrachtung (Vgl. Wulf, Ch., 2001, S. 27).

Dieselben Phänomene wurden auch in dem Kapitel über den kulturwissenschaftlich verstehenden Ansatz zur Organisationskultur herausgearbeitet. Anthony Giddens wählte den Begriff der reflexiven Moderne, um deren komplexes Zusammenspiel in unseren aktuellen gesellschaftlichen Wirklichkeiten zu beschreiben (Vgl. Pongs, A., 2000, Bd. 2, S. 66).

In diesen heterogenen Wandlungsprozessen zur Wissens – und Weltgesellschaft gelten Information, Wissen, Bildung sowie deren Expansion als zentrale Ressource europäischer Kultur und stellen daher bildungstheoretisch neue Herausforderungen dar. Sie verlangen vor allem einen grundlegenden Strukturwandel oder eine Neubestimmung beruflicher Weiterbildung, in denen die teilweise widersprüchlichen Modernisierungs- und Differenzierungsschübe konstruktiv zu integrieren sind. So wird in der Theoriediskussion der beruflichen Weiterbildung eine konzeptionelle Wende gefordert, die etablierte Begriffe, wie „Qualifikation" und „Weiterbildung" durch „Kompetenzentwicklung" erweitern soll (Vgl. Siebert, H., 2001, S. 20). Ein solcher persönlichkeitsorientierter Diskurs fokussiert die Förderung individueller Handlungsfähigkeit und weist auf einen notwendigen Wandel von Lernkulturen in der Weiterbildung hin. Darin finden sich zum einen funktional personalwirtschaftliche bzw. arbeitspsychologische Ansätze wieder. Zum anderen sind aber auch – wie bereits im vorherigen Kapitel zur Personalentwicklung diskutiert – inhaltliche Veränderungen der Berufsprofile festzustellen. Sie akzentuieren weniger das fachliche Können und Wissen als die umfassende berufliche Kompetenz – auch im Hinblick auf ihre soziale, emotionale Integrität. Dieser Übergang zu neuen Begrifflichkeiten impliziert nicht, vorschnell den Bildungsbegriff über Bord zu werfen, sondern rückt vielmehr den ganzen Menschen mit seiner biographischen Anbindung in das Zentrum beruflicher Weiterbildung (Vgl. Wittwer, W., 1998, S. 155). Der Umzug in das Offene einer Weltgesellschaft zwingt also die Weiterbildungssysteme, einen Paradigmenwechsel vorzunehmen und das lernende Individuum „in die Freiheit zu entlassen", sich zu verändern und zu verbessern (Vgl. Lenzen, D., 2001, S. 224).

Um die gegenwärtige Theoriediskussion und Standortbestimmung beruflicher Weiterbildung in seiner Tragweite themenbezogen zu beurteilen, ist ein Exkurs zur Begriffsgeschichte, seinen Ausprägungen und Wirkungen als Teildisziplin der Erziehungswissenschaften/Erwachsenenbildung vorzunehmen.

Berufliche Weiterbildung als Begriff wurde gegen Ende der 60er Jahre des 20. Jahrhunderts im Rahmen der Erwachsenenbildung in neue Aufgaben eingebunden. Ziel des Bildungsangebotes waren nicht mehr klassische, persönlichkeitsbildende oder kulturelle Inhalte, sondern instrumentell berufsbezogene qualifizierende Bildungsarbeit. Sie fand ihren Ausdruck in der terminologischen Verknüpfung der Weiterbildungsaktivitäten mit technischem Fortschritt, Industrialisierung und Wirtschaftswachstum. Pädagogische Reflexion von Aufgaben wie Zielen galt im Rahmen dieser Vorstellungen eher als Randerscheinung. Erstmalig genannt wird Weiterbildung im Strukturplan für das Bildungswesen von 1970. Die Bildungskommission des deutschen Bildungsrates verwandte diesen Terminus als Obergriff für Erwachsenenbildung, Umschulung und Fortbildung. Diese breite Orientierung bezog sich auf verschiedene Sachverhalte:

- auf effiziente Lösungen für Veränderungs- und Innovationsprobleme
- Qualifikations- /Mobilitätsaspekte
- Beschäftigungssituationen
- Status- /Chancenverteilung

Weiterbildung galt nun als „Prozess der Permanenz" bzw. „als Fortsetzung oder Wiederaufnahme organisierten Lernens nach Abschluss einer unterschiedlich ausgedehnten ersten Bildungsphase". Damit wurde die traditionelle Vorstellung von zwei getrennten Lebensphasen, der frühen Aneignung und späteren Anwendung von Bildung, aufgegeben. Als Konzept lebenslangen Lernens sollte Weiterbildung zukünftig als öffentliche quartäre Bildungsaufgabe neben Schule, Berufsausbildung und Universität implementiert werden, um gesellschaftlichen Fortschritt zu gewährleisten (Vgl. Deutscher Bildungsrat, 1970). Im Anschluss dieses bildungspolitisch richtungsweisenden Beschlusses setzte eine rasante Institutionalisierung der beruflichen Weiterbildung mit dem Schwerpunkt der gesellschaftlichen Qualifikationssicherung ein. Unterschiedliche Bereiche lassen sich hier generell unter den Begriff der „Anpassungsweiterbildung" subsumieren: weiterqualifizierende berufsbezogene Maßnahmen, Aufstiegs-Weiterbildung, Erwerbs-Weiterbildung, berufliche Reaktivierung für Frauen, berufliche Resozialisation und Rehabilitation. Die stark an Adressatenprofile angelehnten Qualifizierungsprogramme lassen außer acht, dass berufliche Weiterbildung nicht ohne eine subjektorientierte Dimension reflektiert werden kann. Das Postulat einer ökonomischen Verwertbarkeit des Weiterbildungsgedankens resultierte aus der Zielsetzung, seine gesamten Inhalte für die wirtschaftliche Expansion des Systems zu instrumentalisieren (Vgl. Heger, R.-J., 1997, S. 1613f).

Die weitere Professionalität der Weiterbildung konstituierte sich vorwiegend durch Wissenschaft und Forschung. Mit der Einrichtung akademischer Studiengänge der Erwachsenenbildung/beruflichen Weiterbildung als Fach der Erziehungswissenschaften seit 1969 beeinflussten besonders philosophische wie soziologische Theorien die junge Wissenschaft. Dabei zählten in erster Linie bildungssoziologische und -motivationale Untersuchungen zur Teilnehmerorientierung, Weiterbildungsmotivation, aber auch zum Lehr-/Lernverhalten von Erwachsenen zu Schwerpunkten. Ab Anfang 1980 lösen die „neue Unübersichtlichkeit" (Habermas), die „Risikogesellschaft" (Beck), die „Erosion" traditioneller Werte und Institutionen (Negt) sowie die „Gleichzeitigkeit des Ungleichzeitigen" Modernisierungs- und Krisenstimmungen in der Weiterbildung aus (Vgl. Siebert, H., 1999, S. 68f). Bildungspolitisch akzentuierte Forschungen und die wissenschaftliche Begleitung von Modellversuchen verliefen parallel zu diesen Entwicklungen. Verschiedene Forschungstraditionen beruflicher Weiterbildung reichten z.T. bis in die Weimarer Zeit zurück (Vgl. Siebert, H., 2001, S. 9ff).

Generell existiert für Erwachsenenbildung keine einheitliche Theoriebildung. Ihre Forschungszugänge orientieren sich eher interdisziplinär an Leittheorien aus angrenzenden Wissenschaften. Durch aktive Teilnahme an zentralen Forschungsdiskussionen werden deren Ergebnisse für Theorienansätze der Weiterbildung fruchtbar gemacht. Im Rückblick sind hier vor allem Einflüsse der Kritischen Theorie, Systemtheorie und des Konstruktivismus zu erwähnen. Aktuelle Ansätze zu milieu-, lebenslagen- und lebenslaufspezifischen Forschungen (Vgl. Tippelt, R., Barz, H., 1999, S. 121ff) betonen verstärkt die „Biographizität" als Lern- und Bildungsgeschichte des Menschen (Vgl. Olbrich, J., 2000, S. 378f).

Diese Hinwendung zu einer Individuum zentrierten Dimension beruflicher Weiterbildung ist Teil des Perspektivenwechsels in der Erwachsenenbildung. Denn historische wie gegenwärtige Kontextbezüge der Erwachsenenbildung verdeutlichen, dass bisherige Theorieansätze zur prinzipiell klar strukturierten Beruflichkeit, Ausbildung und Arbeit zu kurz greifen. Die traditionelle Vermittlung bzw. Aneignung eines festen Kanons von Kenntnissen, Fertigkeiten, Fähigkeiten und Schlüsselqualifikationen reichen nicht mehr aus, um einzelnen generell Sicherheit bei der Einrichtung ihres Berufslebens zu geben. Darin liegt das eigentlich „Revolutionäre" der aktuellen gesellschaftlichen Situation: Der Verlust an Orientierung, hervorgerufen durch die Auflösung lebensweltlicher Kategorien, zeigt sich nach Beck in jenem Versiegen „der Quelle der Gewissheit, aus der sich das Leben speist" (Vgl. Wittwer, W., 1998, S. 151).

Perspektivisch wurde ab ca. 1995 eine globale Weiterbildungsdiskussion und -kampagne initiiert, die eine Umstellung von Weiterbildung auf lebenslanges Lernen nachsichzog (Vgl. Knoll, J., H., 1998, S. 35ff). Berufliche Weiterbildung als wissenschaftlicher und pragmatischer Strukturbegriff bezeichnete einen Bereich des öffentlichen Bildungswesens, der auf den Erwerb formalisierter Zertifikate ausgerichtet war. Im Gegensatz dazu erhielt nun der inzwischen dreißig Jahre alte Begriff des lebenslangen Lernens mit seiner biographischen Betonung eine bildungstheoretische Aufwertung. Dabei waren folgende Akzente entscheidend:

- Entgrenzung des Lernbegriffs für vielfältige formale und informelle Aktivitäten
- Lernkulturen statt Lehre/Unterricht
- Konzeptverschiebung der Schlüsselqualifikation zur Kompetenzentwicklung
- Variabilität des Lernens als Ausdruck der Modellierung des Selbst

Das neue theoretische Leitbild verlangt einen weitreichenden inneren Wandel von Bildungseinstellungen. Im Zentrum steht das lernende Individuum mit seinen „Freiheitsgraden" zur Lernfähigkeit, Mündigkeit und Selbstverantwortung für Lernerfolge bzw. -verweigerungen. Lernen bedeutet „kluge Lebensführung". Auf dem Wege dahin erscheinen besonders soziale, personale und metakognitive Kompetenzen bedeutsamer als trainierbare Qualifikationen (Vgl. Siebert, H., 2001, S. 19f). „Selbstgesteuertes Lernen wird dabei sowohl als Alltagslernen, als Kompetenzerweiterung, als Voraussetzung für den Prozess lebenslangen Lernens, als relative Autonomie, aber auch als Gemeinschaftsaufgabe und individuelle Verantwortung bewertet" (Krug, P., 1998, S. 54). Für das Gelingen dieser selbststeuernden, radikal entgrenzten Lernprozesse werden handlungsorientierte Lernkulturen erforderlich, die keine Aufteilung mehr zwischen Theorie und Praxis vornehmen. In Form von symbolischen Wissenssystemen bilden sie ein neues Lernverständnis ab, verändern das Anspruchsniveau der Erwachsenen und die Rolle der Lehrenden zu Moderatoren. Diese reflexiven Modernisierungen beruflicher Weiterbildung unterspülen bereits als implizite kulturelle Phänomene die zukünftig lernenden Organisationen. Charakteristisch für ihre Bildungsinhalte werden Bewegungen in systemischen Überschneidungsbereichen sein (Vgl. Brödel, R., 1997, S. 15).

Ein historisch-anthropologisches Resümee erinnert daran, dass Lernen grundsätzlich als konstitutives Merkmal des menschlichen Wesens und seiner Praktiken zu begreifen ist. Dabei bleibt entscheidend, dass Lernen aus der Not menschlicher Unvollkommenheit entsteht. Die Idee der Vervollkommnung des Menschen durch Lernen war Leitmotiv der Aufklärung und in deren Folge der linearen Modernisierung von Bildungsprozessen. Ihre Reflexion bzw. Aktivitäten bezogen sich aber nur auf diesen Gegenstandsbereich als Objekt, nicht auf deren Verschränkung mit der eigenen nicht erkannten Unvollkommenheit (Vgl. Geißler, H., 1998, S. 176). Die Erkenntnis dieses Versäumnisses stellt die markante Horizontverschiebung eines reflexiven Paradigmas dar. Lernen im Sinne von Humanisierung begleitet den Menschen als unvollkommenes Wesen und kann daher nur als offene Frage behandelt werden, deren Grenzen wir nicht wissen können. Eine zukünftige organisationskulturelle Ethik des Lernens innerhalb beruflicher Weiterbildung zeigt sich eben in diesem unaufhaltsamen und unruhigen Fragen können (Vgl. Zirfas, J., 2001, S.168).

3. Zur Relevanz von Phantasie, Bild und Performativität in Bildungsprozessen

Phantasie, Bild und Performativität stellen Schlüsselbegriffe historisch-anthropologischer Forschung dar. Sie begründen die sinnliche Wahrnehmung und unser aufführendes, kulturelles Handeln. Aus diesem Verständnis heraus lassen sie sich als wesentliche Bedingungen für menschliches Wissen, soziale Handlungen und Gestaltungsprozesse charakterisieren.

Wenn es in der vorliegenden Arbeit nach der theoretischen Orientierung zunächst um die Bedeutung der drei anthropologischen Begriffe für Bildungsprozesse geht, so steht dabei diese kulturstiftende und -tragende Funktion in Organisationen im Vordergrund. Deren zugrunde liegenden Phänomene sind ebenfalls auf Personalentwicklung und berufliche Weiterbildung übertragbar. Begreifen wir eine Organisation als Kulturorganismus, so bilden wir ihn als Ideensystem nach Geertz in unseren Köpfen ab, um ihn anschließend in sozialen Handlungsinszenierungen zu gestalten und neu zu entwerfen. Auf diese Weise erschaffen wir eine „Organisationswelt", in der wir uns zurechtfinden und „verorten" können. Sie entspricht im Sinne Geertz „einem selbstgesponnenen Bedeutungssystem".

Aufgabe der Bildung ist dabei – hier der Personalentwicklung sowie beruflichen Weiterbildung –, die Hervorrufung, Wiederbelebung, Anschauung und Interpretation von Phantasien und Bildern zu initiieren. Diese vermitteln den Menschen auf ihren Wegen in der Welt bzw. „Organisationswelt" Orientierung und Handlungsfähigkeit. Ihre anschließende performative Inszenierung konstituiert dann die gemeinschaftsbildende, kulturelle Wirklichkeit der Welt, im kleinen auch die der Organisationen. Entsprechend dem Habituskonzept von Bourdieu werden wir durch diese inkorporierten Wahrnehmungs-, Denk- und Handlungsschemata zu sozialen Akteuren (organisations-) kultureller Praxis (Vgl. Schwingel, M., 1995, S. 57ff).

Wie sich diese komplexen Phänomene vollziehen und in Bildungsprozessen bedeutsam werden, wird Thema dieses Kapitels sein.

3.1 Typologie der Begriffssysteme und ihre historischen Wurzeln

Versteht man kulturelle Ereignisse einer Gesellschaft und ihrer Organisationen als Ergebnis performativer Handlungen infolge von sinnlichen Wahrnehmungsprozessen, so sind für eine Begründung dieser These zunächst die Begrifflichkeiten zu klären. Dabei soll der historisch-anthropologische Bedeutungsgehalt von Phantasie, Bild und Performativität im Zentrum stehen. Phantasie als Begriff ist in verschiedenen Theorie-traditionen der Kulturwissenschaften verankert und wurde dabei sehr unter-schiedlich bewertet. Ursprünglich aus dem Griechischen entlehnt, stand Phantasie in der antiken Philosophie Platons für Schein oder Erscheinung. Aristoteles interpretierte sie als vermittelndes Seelenvermögen zwischen Sinneswahrnehmung und Denken. So bezeichnete er Phantasie in „de ani-ma" als ein „Vor-Augen-Stellen" (Vgl. Wulf, Ch., 1999, S. 332). Von Kant wurde Phantasie als Vorstellungsvermögen aufgefasst, das reproduktiv aus der Erinnerung und produktiv in die Zukunft wirksam werde (Vgl. Kant, I., 1964, S. 466ff). Montaigne bestimmte sie als Mittel der Selbsterkenntnis. Goethe forderte ihre gleichwertige Anerkennung neben den menschlichen Grundvermögen des Denkens, Fühlens und Wollens (Vgl. Hügli, A., Lüb-cke, P., (Hrsg.), 2000, S. 162f). In der Theologie war Phantasie Ursache für Jahrhunderte alten Ikonoklasmus und zugleich für idolatrische Züge der Ikonenverehrung. Anthropologisch wurde sie von Gehlen als Lebenskraft bezeichnet, die den Menschen befähigt, seine Mängel zu beheben. Die Psy-chologie sah Phantasie im Zusammenhang mit dem Bewusstwerden und Verändern von Einstellungen bzw. Verhaltensweisen, beispielsweise durch Imagination oder Assoziation (Vgl. Kobbe, U.,1998, S. 422ff). Musik und Kunst als klassische Bereiche der Kulturwissenschaften sind ohne Phanta-sie nicht denkbar, da aus ihr sämtliche schöpferische Arbeit hervorgeht. Ihre Leistungen betreffen in erster Linie die virtuelle Steigerung und Aus-weitung des menschlichen Erlebnisraums. So interpretierte Kant schöpferi-sche Phantasie als Merkmal des Genies.

Zusammenfassend kann nach Kamper Phantasie als Vorstellung bzw. Einbildungskraft (Paracelsus) bezeichnet werden. Darüber hinaus gilt sie u. a. auch als Imagination, Vision, anschauliches Bild, Sinnestäuschung; archaische, vorrationale Erkenntnisart, Nachahmung von etwas Erschei-nendem; als aktive Kraft, Bilder in sich hineinzunehmen, als „Fantasy", „Science Fiction" oder als Unbewusstes.

Neben dem dominierenden Begriff der Rationalität wurde Phantasie oft als niedere Erkenntnisart angesehen, die untrennbar mit dem Körper ver-bunden ist und die dunkle, menschliche Kraft der Erfahrung wiederspiegelt. Die Wissenschaften haben sie daher häufig tabuisiert und durch Überbe-wertung des Verstandes verdrängt. Heute scheint das Phantasietabu für Kamper gelockert zu sein. Eine Rehabilitation der diffamierten Einbil-dungskraft wäre für ihn u. a. möglich, in dem Texte „gegen den Strich" ge-lesen und vorhandene Horizonte der Hermeneutik verlassen werden. Auf diese Weise könne in detektivischer Kleinarbeit die Verdrängung der Phan-tasie in den Wissenschaften aufgehoben werden. Die Paradoxie der Phanta-sie liegt anthropologisch offenbar in zwei entgegengesetzten Enden des

Wissens begründet. Das eine ist konkret in der Materie und das andere allgemein im Verstand manifestiert. Eine Verbindung dieser beiden Pole kann als Motor unserer kulturellen Zivilisation bezeichnet werden, in der sich Mensch und Welt bewegen.

Die vegetative Dimension der Phantasie bezieht sich auf eines der rätselhaftesten menschlichen Vermögen, die Fähigkeit des inneren Sehens. Durch sie nehmen wir Bilder wahr, auch wenn das, was sie abbilden, nicht anwesend ist. Sie ist also kein klar zu benennender Gegenstand, auch kein Gefühl, sondern eine alte, vorrationale Erkenntnisart, aus der Vernunft und Verstand erst hervorgehen. Seit Descartes gilt die Einbildungskraft als unzuverlässige Erkenntnisart, obwohl die Romantik als Gegenströmung zur Aufklärung eine andere Bewertung des Einbildungsvermögens vornahm. Im Kapitel über die Kulturwissenschaften ist diese besondere Rolle der Romantik im Zusammenhang mit der Entdeckung des Unbewussten bereits erwähnt worden. Selbst Freud vertrat noch die Ansicht, dass nur der „Unglückliche phantasiere" und Imagination die Kompensation nicht erfüllbarer Wünsche sei. Erst in heutiger Zeit scheint sich der schlechte Leumund der Phantasie zu verlieren, denn Menschen brauchen Phantasie und Bilder, um Realitäten aushalten zu können. Diese ungeheure Macht und Anziehungskraft des Imaginären zeigt sich besonders in der Masse unzähliger Film-, Fernseh- und Videoproduktionen (Vgl. Kamper, D., 1997, S. 1007).

Nach Castoriadis ist die imaginäre Kraft des Einbildungsvermögens ebenfalls in gesellschaftlichen Institutionen vorhanden. Deren Norm- und Wertsysteme würden von ihren Mitgliedern durch ritualisiertes, symbolisches Handeln inkorporiert und anschließend emotional verankert. Das Imaginäre sei dabei auf Symbole angewiesen, um existieren bzw. sich ausdrücken zu können. Castoriadis bezeichnet eine Institution als symbolisches, gesellschaftlich sanktioniertes Netz. Darin befänden sich in wechselnden, miteinander verschränkten Proportionen funktionale und imaginäre Anteile. Das unbewusste Irrationale des Menschen könne in gesellschaftlichen Institutionen erspürt werden, da sie quasi in Netzen ihres Einbildungsvermögens hingen (Vgl. Castoriadis, C., 1984, S. 251ff). Die Gesellschaftstheorie Castoriadis' mit ihrer symbolisch imaginären Orientierung lässt sich mit den verstehenden Ansätzen zur Organisationskultur verbinden. Generell weisen institutionell imaginäre Strukturen daraufhin, dass sich ihr Symbolismus verselbständigen kann und von den Menschen nicht mehr wahrgenommen wird. Erst reflexive Phantasie trägt zu einer vielschichtigen Kulturanalyse von gesellschaftlichen Organisationen bei. Der wahre Ort der Reflexion wäre dabei nicht der Schreibtisch, sondern das „Unterwegssein in der Zeit" einer Organisationskultur (Vgl. Kamper, D., 1995, S. 31). Ihre einfachste Bestimmung ist dann, im Raum abwesende, vergangene und zukünftige Phänomene zu vergegenwärtigen. Die Betonung liege dabei auf der kulturellen „Geistesgegenwart" einer Organisation.

Nach dieser allgemeinen Betrachtung der Phantasie als menschliche Erkenntnisart soll ihre Bedeutung für Bildungsprozesse hervorgehoben werden. Durch Einbildungskraft sind Menschen fähig, Wahrnehmungen der Außenwelt in ihre Innenwelt zu übertragen und als innere Bilderwelt zu gestalten. Diese Bildsamkeit des Menschen gehört seit Herbart in die Reihe derjenigen Voraussetzungen, die Bildung überhaupt begreiflich machen (Vgl. Langewand, A., 1997, S. 69ff). So ist das Auftauchen eines „inneren Bildes" ein erster Schritt. Es festzuhalten, an ihm zu arbeiten und es in der Phantasie zur Entfaltung zu bringen, stellen weitere Schritte eines bewussten Umgangs mit „inneren Bildern" dar. Die Phantasie hat dabei eine chiastische Struktur, in dem sich innen und außen kreuzen. Auf diesen für die Wahrnehmung wichtigen Aspekt haben verschiedene Autoren hingewiesen (Vgl. u. a. Merleau-Ponty, M., 1994). Doch nicht nur beim Sehen, auch bei den anderen Sinneswahrnehmungen erleben wir eine solche Überkreuzung zwischen den Sinnen und der wahrgenommenen Außenwelt. Mollenhauer umschreibt daher ästhetische Bildung als die Fähigkeit, sinnliche Wahrnehmung überhaupt zu empfinden und zu bemerken, um urteilsfähig zu sein. Hierzu gehört vor allem die Bearbeitung der ästhesiologischen Erfahrungen (Vgl. Mollenhauer, K., 1996, S. 222ff).

Aus diesen Sinneserlebnissen heraus entwickelt sich durch Phantasie die menschliche Raum- und Zeiterfahrung sowie das Realitäts- bzw. Selbstbewusstsein, an die unsere Existenz und Entwicklungsbedingungen gebunden sind. Daher hat Phantasie in der Theorie des elementaren Lernens einen zentralen Stellenwert. Phantasie kann nicht strikt als Gegenteil der Rationalität aufgefasst werden. Als zeichenmachende Vorstellungskraft enthält Rationalität ebenfalls primäre Erkenntnisanteile, während das Einbildungsvermögen auch rationale Strukturen aufweisen kann (Vgl. Dieckmann, B., Wimmer, K.-M., 1997, S. 1263).

Bildungsprozesse ermöglichen den reflexiven Umgang mit Phantasie und erfordern die Auseinandersetzung mit der komplexen, differenzierten Bilderwelt des Menschen. Zentrale Aufgabe von Bildung ist, ein reflexives Bewusstsein für diese besondere Dimension von Bild und Phantasie in den kulturellen Lebenszusammenhängen der Menschen zu vermitteln. Denn deren Erzeugung, Anschauung, Reproduktion und Interpretation begleiten den Menschen auf seinem Weg „in der Welt zu sein", mit Hinweis auf Castoriadis auch in der kulturellen Welt von Organisationen. Personalentwicklung und berufliche Weiterbildung sind dabei Teil solcher Bildungsprozesse, in denen rationale fachliche Qualifizierung mit kollektiven bzw.

individuellen Bilderwelten verschmelzen. Die Wahrnehmung dieser sich kreuzenden Phänomene zu erlernen, sie zu bearbeiten und reflektiert in die kulturelle Praxis von Organisationen zu integrieren, sollte Zielsetzung von Weiterbildung sein.

Bildung als zentrales Thema dieser Arbeit ist etymologisch, pädagogisch und anthropologisch unmittelbar mit dem Begriff des Bildes verbunden. So existieren für Bildung zahlreiche bildliche Metaphern: Platons Höhlengleichnis, Einschreibung, unbeschriebenes Blatt, Bildung als Selbstorganisation usw.. Demnach bedeutet Bildung wenigstens dreierlei: sich ein Bild von sich, der Welt und anderen Menschen machen und dieses gestalten (Vgl. Zirfas, J., 1999, S. 159).

Im tieferen Bedeutungshintergrund von Bildung ist historisch unverkennbar unser 2000 Jahre altes, christliches Abendland präsent. Es berührt das Bild des Menschen bis heute unter zwei Aspekten: der Gottesebenbildlichkeit als Prämisse und als Konsequenz eines göttlichen Gnadenerweises. Diese Ambivalenz des Bildbegriffs findet sich in seiner etymologischen Bedeutung wieder. „Bilidi" (ahd.) meint „(Wunder-) Zeichen", „Wesen", „Abbild" und „Nachbildung". Dabei liegt die Betonung einerseits auf dem, was Gestalt wird und andererseits auf der Darstellung eines Urbildes. Entweder das Bild ist identisch mit dem, was es zeigt oder es ist nur ein Spiegel. Das griechische „eikon" und das lateinische „imago" konservieren denselben Doppelsinn. Sie entsprechen dem Prägebild eines Siegels oder dem Schatten einer Person. Bilder enthalten also Relationen, in denen Abstufungen von Ähnlichkeiten vorkommen (Vgl. Kamper, D., 1997, S. 590).

Ihre Mehrdeutigkeit zeigt sich in den Dimensionen der magischen Präsenz, der Repräsentation und Simulation. In der magischen Präsenz offenbart sich historisch das kollektive Imaginäre, in der Repräsentation stellen Bilder etwas dar, was sie selbst nicht sind. Nach Platon bringen sie Erscheinungen der Dinge zum Ausdruck. Dabei sind nicht Ideen oder die Wahrheit das Ziel, sondern Darstellungen von Phantasmen. Hinter Repräsentationen verbergen sich also die Kräfte der Mimesis, um Bilder auf der Suche nach einem Vorbild zu entwerfen. Simulation ist eine Angelegenheit der Täuschung und der Selbsttäuschung. Alles kann heute zum Bild abstrahiert werden; dadurch verschwinden „Wirklichkeiten". Als Produkte mimetischen Verhaltens miniaturisieren solche Bilder die Welt auf einen Bildschirm. Durch Simultanübertragung werden sie an allen Orten der Welt gezeigt und ermöglichen die spezifische Erfahrung der Welt als Bild. Das Zusammenwirken dieser drei Dimensionen des Bildbegriffs sind Gegenstand und Horizont des Nachdenkens über Bilder, da sie deren unterschiedlichen, widersprüchlichen Merkmale identifizieren. Die inneren Bilder der Menschen konstituieren sich demnach durch das kollektive Imaginäre ihrer Kultur, durch die Einmaligkeit ihrer Individualität und Unverwechselbarkeit ihrer lebensgeschichtlichen Bilder sowie durch die wechselseitige Überlagerung beider Bilderwelten. Wulf unterscheidet sieben Arten innerer Bilder:

Bilder als Verhaltensregler, Orientierungsbilder, Wunschbilder, Willensphantasmen, Erinnerungsbilder, Nachahmungsbilder und archetypische Bilder (Vgl. Wulf, Ch., 1999, S. 334ff).

Wurde viele Jahrhunderte lang der Mangel an Bildern als Durst nach Anschauung (Comenius) in Bildungsprozessen beklagt, so ist heute ihre Fülle das Problem. So müssen die Menschen gegenwärtig eher vor dem nivellierenden Charakter der Bilderflut im Sinne einer Bilderhygiene geschützt werden (Vgl. Bilstein, J., 1999, S. 89ff). Erst in den letzten Jahren hat sich dieses Verhältnis zum Bild verändert. Bis dahin war es der Sprache nachgeordnet. Seit ca. 1960 wird diese Wendung in Analogie zum „linguistic turn" als „iconic turn" bezeichnet. Die bis dahin dominierende Präsenz der Sprache als „Tor zur Erkenntnis" wurde zunehmend in Frage gestellt und durch das Bild als Bedingung für Bildung, Wissen und Handeln abgelöst bzw. bereichert. Boehm sieht diese Orientierung zum Bild in der neuzeitlichen Philosophie begründet, die sich deutlich in folgenden Aphorismen artikuliert:

- einen bildlichen Entwurf seiner selbst zu entwerfen (Heidegger)
- einen Brückenschlag zur Metapher bilden (Nietzsche)
- Begriffe durch rhetorisches Spiel verbinden (Wittgenstein)
- philosophisches Denken ist metaphernpflichtig (Blumenberg)

Hinter diesen Thesen verbirgt sich die Wiederentdeckung der sinnlichen Wahrnehmung. Sie ermöglicht uns, nicht einsinnig gerichtete Bildräume zu erkennen. Denn im Bild überkreuzen sich nach Merleau-Ponty verschiedene visuelle Energien je nach Maßgabe der Gestaltung. Für Bildungsprozesse hat dieser „iconic turn" nachhaltige Konsequenzen, da die Bedeutung von Bild wie Einbildungskraft für Theorie und Praxis ein neues Gewicht erhielt. Daraus ergeben sich Fragen zu den nachhaltigen Wirkungen der Imagination auf die Konstitution von Kultur, Gesellschaft und Individuum. Wahrnehmung, Bild bzw. innere Vorstellungskraft entsprechen einem schöpferischen Akt, in dem sich die Menschen durch Bilder von sich selbst, von anderen und der Welt kulturell verankern. Dieses kulturelle Vermögen ist eng mit der besonderen Charakteristik unseres sinnlichen Sehens verbunden. Boehm beschreibt sie als eine Art visuelle Kommunikation. Wir nehmen ein Bild wahr, währenddessen schaut uns das Bild an und vermittelt seinen Sinn, ehe wir ihn definieren. Seine Schlussfolgerung – „Der Sinn des Bildes bildet sich sinnlich" – steht für diese unsichtbaren Grenzüberschreitungen des Sehens. Denn es will erst gelernt und erworben werden, wie alle kulturell höher entwickelten Fähigkeiten. Unser tägliches Sehen entspricht häufig lediglich einem Wiedererkennen, da uns dessen Grenzen nicht bewusst sind. Differente, ungeahnte abweichende Ordnungen der Sichtbarkeit erschließen sich jedoch erst durch Übung des Sehens.

Viele Potenzen visueller Wahrnehmung werden in Bildungsprozessen und unserer Kultur nicht genutzt, da die Bewusstheit für ihre fließenden Prozesse verloren gegangen ist. So liegt im Sehen ein Hang zum Chaos verborgen, der sich in der visuellen Vieldeutigkeit manifestiert. Bilder sind für Boehm manifestierte Blicke. Durch die Verbindung von sinnlichem und intellektuellem Sehen öffnen sich Zwischenräume in Bildern, die unbestimmte Elemente wie „blinde Flecken" hervortreten lassen. Ihre Analyse kann ein Schlüssel zu vertiefter Erkenntnis sein. Sie zur vollen menschlichen Entfaltung zu bringen, ist Aufgabe von Bildungsprozessen (Vgl. Boehm, G., 1994, S. 11ff).

Im kulturwissenschaftlichen Teil dieser Arbeit wurde bereits auf Gehlen's These des Menschen als Mängelwesen und seiner dadurch bedingten Lernbedürftigkeit verwiesen. Durch Imagination bzw. Nachahmung werden wir in die Lage versetzt, uns die Außenwelt anzueignen. Diese fundamentale Erfahrung ist an die sinnliche Körperlichkeit des menschlichen Bewusstseins, wie auch an alle späteren Bildungsprozesse, gebunden. Nachahmen gilt seit der griechischen Antike als angeboren und ist anthropologisch dem Mimesisbegriff zugeordnet. Dessen Bedeutung ist allerdings umfassender und meint auch, „sich ähnlich machen", „zur Darstellung bringen", „ausdrücken" oder „vor-ahmen". Diese mimetische Fähigkeit ist unmittelbar mit der Frühgeburt des Menschen, seiner residualen Instinktausstattung sowie dem Hiatus zwischen Reiz und Reaktion verknüpft. In mimetischen Prozessen werden kulturelle Werte wie Einstellungen mit allen Sinnen aufgenommen und inkorporiert. Diese Art der Weltaneignung hat heute zu einer Konvergenz zwischen sozialer wie ästhetischer Mimesis geführt, so dass Grenzen zwischen Kunst, Wissenschaft und Kultur durchlässig erscheinen. Bisher gültige Differenzierungen verschwinden. Sie zeigen den Doppelcharakter der Mimesis – des Nachahmens und Vorahmens. So ist die fortschreitende Verbildlichung unserer Kultur, die sich in simulativen Erscheinungen, dem Ersatz von Wirklichkeit und Wahrheit zeigt, auf die Verselbständigung mimetischer Prozesse zurückzuführen. Denn auch Bilder verhalten sich mimetisch und erscheinen als Wirklichkeit. Daraus erwächst gegenwärtig die Verbildlichung der Welt (Vgl. Wulf, Ch., 1997, S. 1015ff).

Bildung vollzieht sich daher als Bilderreihe in mimetischen Prozessen sowie in Relationen zu anderen Menschen. Sie umschreibt die reflexive Wirkung von Bildern auf unsere Lebenswelt und Kultur. Weiterbildung und Personalentwicklung sind Bereiche, in denen sich die unterschiedlichsten Organisationsbilder mimetisch konstituieren und unter den Mitarbeitern/Innen transportiert werden. Sie bilden den Hintergrund der für Schreyögg zentralen, gemeinsamen Aspekte von Organisationskulturen, die in erster Linie nicht bewusst gelebt und selten reflektiert werden. Organisationskulturen bestehen also aus unzähligen, unbewussten, kollektiven wie individuellen Bildern, die in ihrer Gesamtheit die Lebensprozesse von Organisationen entsprechend dem Drei-Ebenen-Modell Scheins stabilisieren und steuern. Personalentwicklung/Weiterbildung sollte diese komplexen Zusammenhänge von Imagination, Bild und Organisationskultur aufgreifen und bewusst bearbeiten.

Durch performatives Verhalten werden solche inneren Bilder in sozialen Prozessen zur Aufführung gebracht und erzeugen kulturelle Wirklichkeit. Der Begriff Performativität vergegenwärtigt diese inszenierende, ästhetische Dimension menschlichen Handelns und den Orientierungscharakter sozialer Darstellungen. Jeder Handelnde wählt Formen der Aktivität für sich aus, gestaltet sie in performativ-mimetischen Prozessen und inszeniert sich selbst in sozialen Gegebenheiten vor „Zuschauern". Dabei werden die Bilder des Handelns sowie des Akteurs, die für die Erinnerung und Vorstellung der Mitmenschen gelten, durch sinnlich körperliche Praktiken produziert. So präsentiert sich der Akteur in seinen Handlungen.
Der Ursprung des Stammwortes unterstreicht diese sozialen Vorgänge. Lateinisch entspricht „forma" u. a. „Form", „Gestalt", „Figur", „Beschaffenheit", „Bild", „Erscheinung" bzw. „Modell". Das Verb „formare" bedeutet „gestalten", „bilden", „darstellen" und „verfertigen". „Formatio" meint „Gestaltung". Das Wort „per" wird mit „durch und durch" übersetzt, hebt also die Intensität der Gestaltung hervor (Vgl. Wulf, Ch., Göhlich, M., Zirfas, J., 2001, S. 10).
Seine erstmalige Verwendung erhielt der Begriff „performativ" in Vorlesungen des Sprachphilosophen J. L. Austin. Er lenkte den Blick darauf, dass wir durch sprachliche Äußerungen Handlungen vollziehen. Sprache wirkt nach Austin nicht konstativ oder repräsentativ, sondern performativ. Darunter versteht er solche Äußerungen, die nicht deskriptiv, wahr oder falsch sind, sondern glücken bzw. missglücken. Für ihn ist jede Äußerung eine Performanz, aber nur wenige Äußerungen performativ im Sinne von handlungsorientiert. Seine sprachphilosophische Leitvorstellung „How to

Do Things with Words" veranschaulicht diesen Akt von Sprechhandlungen.

Performative Äußerungen enthalten nach Bohle/König folgende Eigenschaften:

- sie gelten als selbstreferentiell
- sie sind Deklarationen
- sie können mit gesellschaftlichen Institutionen verknüpft werden
- sie entsprechen vorfabrizierten, unveränderbaren Äußerungen

Bei Übernahme des performativen Begriffs in die Kulturwissenschaften können Äußerungen auch durch kulturelle Handlungen, Prozesse oder Texte ersetzt werden. Denn für die Gestaltung von Kultur, Sozialität und Gemeinschaft spielen diese Eigenschaften performativen Handelns ebenfalls eine große Rolle. Sie sind wirklichkeitskonstituierend, geschehen als Ereignis gleich einer „performance" und haben in Verbindung mit Organisationen oft einen rituellen, manchmal auch stereotypen Charakter. Daneben sind die Funktionspotentiale von performativen Handlungen bedeutsam. Illokutionäre Akte sind auf die kommunikativen Aspekte ausgerichtet. Sie verfolgen Ziel und Zweck von Handlungen im Hinblick auf ihre Stimmigkeit mit der Umwelt. Lokution meint das Hervorbringen von Lauten in bezug auf die Welt, während Perlokution das Erzielen von Wirkungen umschreibt. Im kulturwissenschaftlichen Kontext betont Performativität die konstitutive Art sozialer Handlungen. Sie umfasst das Gelingen sozialer Geschehnisse, deren Veränderbarkeit, Fragilität und Scheitern. Denn dadurch entstehen wieder neue soziale Wirklichkeiten (Vgl. Bohle, U., König, E., 2001, S. 13ff).

In diesen gemeinschaftsbildenden Handlungsabfolgen nehmen Wiederholungen einen besonderen Stellenwert ein. Performativ – mimetische Aktivitäten beziehen sich immer auf bereits Geschehenes, führen jedoch nie zu denselben Ergebnissen. Sie beinhalten vielmehr Spuren gestalterischer Abwandlungen gegenüber dem Vorausgegangenen. Diese Spuren gelten als die innovativen, kreativen Elemente der Performativität. Die darin enthaltende Differenz ist entscheidend für Veränderungen. Performatives Handeln begründet auf diesem Wege Gesellschaft und Kultur. Im Verlauf gesellschafts- und kulturbildender Prozesse werden Inszenierungen bzw. Darstellungen häufig von Kritik, Abwandlung oder Zustimmung begleitet. Daraus entstehen wieder neue soziale Konstruktionen, Institutionen und praktisches Wissen, das nach Derrida, Butler und Bourdieu performativ ist (Vgl. Wulf, Ch., Göhlich, M., Zirfas, J., 2001, S. 13). Praktisches Wissen kann als körperlich, ludisch, rituell, historisch und kulturell bezeichnet werden. Performatives Wissen entsteht in face-to-face-Situationen und gilt als mehrdeutig. Seine Entstehung ist durch mimetische Prozesse bedingt, die sowohl ästhetische, als auch imaginäre Anteile enthalten. Es zeigt sich in rituellen Aufführungen des alltäglichen Lebens, der Literatur sowie Kunst und lässt sich nicht rein intentional begründen (Vgl. Wulf, Ch., Zirfas, J. 2001, S. 111).

Im kulturwissenschaftlichen Diskurs wird Performativität derzeit als paradigmatischer Begriff verstanden und steht im Zentrum verschiedener Konzepte sozialen Handelns und Wissens. Sie heben gemeinsam die performative Kraft von Imagination, Sprache, künstlerischer Inszenierung und Aufführung, sozialem und rituellem Handeln hervor. Dabei gilt das Zusammenspiel individueller, mimetisch wiederholender Akte als besonders relevant. Einige Aspekte der neuen Forschungsbeiträge zum Performativen sollen pointiert dargestellt werden. Aus diesen lassen sich Synergieeffekte entwickeln, die auf eine besondere Bedeutung der Performativität für Bildungsprozesse verweisen (Vgl. Krämer, S., Stahlhut, M., 2001, S. 35ff).

Göhlich betont, dass performative Äußerungen in einem ritualisierten Umfeld stattfinden, das sich aus jeweiligen Gegebenheiten, Kontexten, Sozialstrukturen wie Kompetenzen der Akteure zusammensetzt. Sie bestimmen das Gelingen/Misslingen von performativen Äußerungen. Er versteht Perfomativität als praktische Handlung, körperliche Aufführung, differenzierte Selbstdeutung und kommunikatives Wirken. Diese performative Praxis, die sie konstituierenden Institutionen und die folgenden Wirkungen begründen Gemeinschaften. Dazu gehören u. a. die spezifische Sozialstruktur, die Machtverhältnisse und Solidaritätslinien (Vgl. Göhlich, M., 2001, S. 25ff).

Die Theorie des kommunikativen Handelns von Habermas reduziert nach Göhlich/Zirfas die Komplexität des Performativitätsbegriffs auf die performative Kompetenz der Sprecher/Innen. Habermas hebe damit die Klarheit unmittelbaren Verstehens in den illokutionären Akten hervor. Er gebe also einer moralphilosophischen Diskurstheorie den Vorrang (Vgl., Göhlich, M., Zirfas, J., 2001, S. 47ff).

Derrida fokussiert das Performative in der Bewegung des Sprechens. Wenn es allerdings als Bruch mit dem Kontext interpretiert wird, erscheinen traditionelle Bildungsansätze fragwürdig und geschlossen. Bildung lässt sich dann als Spur verstehen, in der Differenzierungsansätze perspektivisch an ihrer Vieldeutigkeit oder Ausweitung scheitern können (Vgl. Zirfas, J., 2001, S. 100).

Nach Bourdieu zeigen sich Machtverhältnisse vor allem dort, wo mit Hilfe performativer Magie in ritualisierten Aktivitäten praktisch gehandelt wird. Menschen sollen werden, wie sie sind. Machtstrukturen werden über performative Prozesse einverleibt. Sie erzeugen einen Habitus, der sich in spezifischen Lebensstilen sowie der Anerkennung von Hierarchien und Autoritäten ausdrückt (Vgl. Audehm, K., 2001, S. 101ff).

Gebauer/Wulf betonen die herausragende Bedeutung, die kreativ-mimetische Prozesse der Anähnlichung in sozialen Strukturen haben. Menschen besitzen ein handlungsorientiertes, performatives Wissen über soziales Verhaltensweisen bzw. Situationen. Ihr kulturelles Handeln vollzieht sich mimetisch-performativ. Dadurch werden die Kontinuität und Differenzialität der sozialen Wirklichkeit hervorgebracht und gestaltet (Vgl. Wulf, Ch., 2001, S. 253ff).

Die Theorieansätze zum Performativen begreifen menschliches Handeln als kulturellen Auftritt. Dadurch erscheinen soziale, bildungsorientierte Geschehnisse in anderem Licht. Körperlichkeit und Ereignisakt erhalten ein stärkeres Gewicht. Sie heben die soziale Praxis mit kommunikativen, kulturtechnischen Ausrichtungen in Bildungsprozessen hervor. Praktische Bildungsarbeit konstituiert sich wesentlich in sozialem Handeln. Für ihr Gelingen ist nicht nur entscheidend, ob beabsichtigte Bildungsintentionen umgesetzt werden, sondern auch wie Handlungsformen gestaltet sind. Für Bildungssprozesse ist daher der praktische Aufführungscharakter zentral. In dessen Verlauf inszenieren die unterschiedlich Handelnden – Lernende wie Moderatoren/Innen – ihre jeweilige Rolle, ihre Arbeit und sich selbst. Personalentwicklung und berufliche Weiterbildung erfüllen also auch die Funktion, neben Lerninhalten eine „Bühne" bereitzustellen, auf der Lernergebnisse vor „Zuschauern" performativ inszeniert werden. Parallel entstehen durch organisationskulturell bedingte Formen der Interaktion/Kommunikation soziale Gemeinschaften. Sie gewährleisten individuelle Selbstdarstellung, die Reproduktion sozialer Ordnung und Integrität (Vgl. Wulf, Ch, 2001, S. 9).

3.2 Phantasie, Bild und Performativität als Quellen bildungsgeschichtlicher Forschung

Die Begriffe Phantasie, Bild und Performativität sind aus historisch-anthropologischer Sicht bestimmend für unser kulturelles Dasein. Sie prägen den Blick auf die Welt und richten unseren existentiellen Standort immer wieder neu aus. Im Alltagsleben offenbart sich Phantasie in kreativen, schöpferischen Prozessen der Gesellschaft. Auch Bilder, Graphiken, Karikaturen, Fotos, Plakate und Filme haben auf uns alle einen intensiven Einfluss. Performative Darstellungsformen können wir an uns selbst, in sozialen Gemeinschaften, im täglichen Leben auf der Strasse wie auch am Arbeitsplatz und in gesellschaftlichen Organisationen beobachten. Musik, bildende Kunst, Theater und Fernsehen gelten als die zentralen Medien der menschlichen Phantasie, der Bilder und Performativität. Als Ausdruck historisch-gesellschaftlicher Realität haben diese Begriffe jedoch in der bildungsgeschichtlichen Forschung bislang eine nur wenig bedeutende Rolle gespielt. Dieses Kapitel gibt daher einen Einblick, wie die drei Begriffe als Quellen der Bildungsgeschichte genutzt werden können. Durch einen spezifischen Zugang von originären Quellenkategorien eröffnen sich dadurch Perspektiven, Bildungsprozesse umfassender zu verstehen und deren Praxis in den Vordergrund zu rücken. Besonders für kreative, innovative Elemente einer zukunftsweisenden Personalentwicklung und beruflichen Weiterbildung können solche Forschungsergebnisse einen hohen interdisziplinären Stellenwert einnehmen (Vgl. Pflugfelder, P., Liepmann, D., 1997, S. 6f). Im folgenden werden verschiedene Beispiele bildungsgeschichtlicher Forschung zu Phantasie, Bild und Performativität vorgestellt sowie deren Perspektiven für gegenwärtige Bildungsprozesse aufgezeigt.

Zum Begriff Phantasie analysiert Kamper das um 1500 gemalte Bild „Der Garten der Lüste" von Hieronymus Bosch (Abb. 3) als grosses Offenbarungstheater neuzeitlicher Geheimnisse (Vgl. Kamper, D., 1995). Bosch lässt symbolisch den Doppelcharakter von Bild und Phantasma deutlich werden. Beide reflektieren das kulturelle Imaginäre – das Dunkele – und bauen Brücken zum jeweils anderen durch Imagination. Kamper greift eine bildliche Szene heraus. Sie zeigt eine entkörperlichte Figur in einem Glas als Gefängnis. Eine Frau mit Apfel schaut mit müden Augen zu einem haarigen Mann, der ihren stummen Blick nicht beantwortet, sondern aus dem Bild herausschaut. Dicht hinter ihm taucht das Gesicht eines weiteren Mannes wie ein Schatten oder Doppelgänger auf, dessen Blick dem Ersten folgt. Seine Hand zeigt mit gestrecktem Zeigefinger nach vorn in Richtung Apfel. Kamper interpretiert die Geste als symbolische Prophezeihung: Die Zeiten, in denen dieses Bild vielversprechend sei, würden vorübergehen. Der Titel seines Buches „Unmögliche Gegenwart, Zur Theorie der Phantasie" stellt sich für ihn als doppelte philosophische Frage. Nicht die Wiederverzauberung der Welt oder ihre restlose Aufklärung sind immanent, sondern ein Denken, das im Wahrnehmen eine Grenze erfahren kann. Während alle Theorie ein „Festhalten" bedingt, ist Alterität flüchtig. Die verschiedenen Namen dieses Anderen sind Bild, Zeit, Körper und Sprache. Für Kamper nimmt dieses Bild das Schicksal aller Bilder hellsichtig vorweg. Am Ende stellen Bilder Gefängnisse dar, da sie keine Fenster mehr in das Offene haben. Sie gleichen Spiegel, die verzerren. Auch das liebste Bild kann als Folge nur schattenlos, transparent sein, in dem es lediglich den Mechanismus des Zeigens zeigt und alles zur Täuschung wird. Kamper versucht, anhand des Triptychons von Bosch die Krise des Sichtbaren, die

Beschleunigung der Medien, die Kunst des Unmöglichen und die Wahrnehmung unserer eigenen „Ungeheuer" zu verdeutlichen. Auch den Vorschlag Heinrich von Kleists, noch einmal vom Baum der Erkenntnis zu essen, um die verlorene Unschuld zurückzuerhalten, hält Kamper für eine kurzschlüssige Annahme. Bei einer Wiederholung würden nur Nuancen der Weltgeschichte – der Trennung von Erde und Welt – verändert. Wir können nicht umhin, uns den selbst produzierten „Ungeheuern" zu stellen (Vgl. Kamper, D., 1995, S. 185). Kampers Bildinterpretation enthält das Plädoyer, die Krise der Postmoderne anzunehmen und das Scheitern des grossen Unternehmens moderner Weltbeherrschung anzunehmen. Für ihn liegt eine Chance darin, sich einen „porösen Membran" zwischen Sichtbarem und Unsichtbarem vor Augen zu führen. Denn wir können uns vor unserer historischen, kulturellen Schuld nicht davon stehlen, für die es im herkömmlichen Sinne keinen Täter gibt (Vgl. Kamper, D., 1995, S. 35).

Ausgehend von der Bildbetrachtung Kampers lässt sich ein Brückenschlag zur aktuellen Diskussion um einen reflexiven Paradigmenwechsel in Bildungsprozessen herstellen. Erinnert sei dabei an die Kapitel über Personalentwicklung und die Theoriediskussion der Erwachsenenbildung, in denen neue, vieldimensionale Lernkulturen und die Überwindung traditionell linearer Bildungswege postuliert werden. Denn der Glaube an die Vervollkommnung des Menschen durch Bildung hat sich als aufklärerischer, historischer Irrtum erwiesen. Dieses Eingeständnis einer nichtrationalen, symbolischen Komplexität menschlicher Bildungs- und Lebensprozesse ist mit Kampers Befund über die Krise des Sichtbaren gleichzusetzen. Sich den selbstproduzierten „Ungeheuern" in Bildungsprozessen zu stellen, bedeutet demnach: Eine organisationskulturelle Ethik des Lernens als offene Frage des Menschen zuzulassen, die Nichtwissen, Unsichtbarkeit in der Sichtbarkeit, Leere bzw. Verzerrungen in Bildern und deren fließende Übergänge einschliesst. Das wäre möglich, wenn wir sinnliche Wahrnehmung in der Bildung verstärkt thematisieren. Eine neue Qualität dieses Denkens könnte bereits in die Förderung übergeordneter Lernqualitäten einbezogen werden. Sie wären mit den humanistischen Kategorien, wie Selbstverantwortung, Selbständigkeit, Teamfähigkeit, Kooperation, Flexibilität und Leidenschaft für Visionen in Abstimmung mit funktionalen Qualitäten und flachen Hierarchien in Organisationen, zu verbinden (Vgl. Witzlack, P., 1995, S. 165ff).

Ein solches kreatives, entdeckendes Lernen ist immer an innere Freiheit gebunden. Diese zu erlangen, heißt nach Meister Eckhart, die „kleinkarierte Krämermentalität" des „Kaufens und Verkaufens" aus seinem Kopf zu vertreiben. Dieses „Krämerphänomen" wendet er ebenfalls auf ethische Bereiche an. Dort ist häufig festzustellen, dass unter dem Vorwand „guter

Werke" ausschließlich eigennützige Motive verfolgt werden. Gerade hinter modernen Bildungsfassaden sind derartige „Kleinkrämereien des Kaufens und Verkaufens" gehäuft zu beobachten. Sie zeigen sich in konstruierten Koalitionen, die scheinbar demokratisches, kulturelles Bildungsengagement im öffentlichen Raum performativ aufführen. Dahinter schimmern wahrhaftige Beweggründe durch, die sich in ihren Tiefenstrukturen als unendliche Selbstbezogenheit verkrusteter Beziehungsgefüge dekonstruieren lassen. Bildung wird dann zur leeren Hülle stereotyp inszenierter Floskeln.

Zur inneren Freiheit gehören aber Orte eines selbstbestimmten, offenbleibenden Lebensrahmens, in denen Erfahrungen von Einsamkeit, von bildloser Kontemplation, von Schweigen, Nachdenken oder von selbstloser Hingabe möglich sind. Daraus kann – in Analogie zu der Bildanalyse Kampers – ein „echter Dialog" in Lernkulturen von Bildungsprozessen erwachsen, die den ganzen Menschen ins Zentrum stellen (Vgl. Pindl, Th., 1998, S. 142). Er führt uns zum Innehalten, zur Gelassenheit, mit der wir unsere historisch gewachsenen, postmodernen „Welt- und Organisationsbilder" anschauen können, bei ihnen verweilen und sie reflexiv neu verstehen lernen.

Kamper zeigt durch die Interpretation „des Gartens der Lüste" als Quelle seiner philosophischen Betrachtung, wie facettenreich und vieldeutig kulturelle Phantasie in visuellen Darstellungen abgebildet ist. Auf diese Weise können Bilder, die wie Boschs „Garten der Lüste" in historische Kontexte eingebunden sind, zeitübergreifend auf vergangene, gegenwärtige und zukünftige Themen verweisen.

Der Bildbegriff eröffnet deshalb als eigenständiger Forschungsgegenstand einen erweiterten Zugang zur Geschichte von Bildungsprozessen. Talkenberger stellt sechs gängige Methoden der Bildinterpretation vor (Vgl. Talkenberger, H., 1997, S. 11ff):

1. Realienkunde

Anhand der Deutung von Darstellungen zentraler Gegenstände (Realien) eines Bildes und ihren Verwendungszusammenhängen wird die materielle Kultur einer historischen Wirklichkeit beispielhaft interpretiert. Dabei sind symbolische wie sinnbildliche Anteile in ihren Auswirkungen auf die Gegenständlichkeiten des Bildes zu untersuchen. Überzeugend wirkt in diesem Zusammenhang die Forschungsarbeit des Historikers Jaritz über die Unterhose des Mannes als spezifisches Kleidungsstück. Seine Untersuchungen bis ins 16. Jahrhundert weisen nach, dass die männliche Unterhose als Geschlechterkampf in zahlreichen Darstellungen als „Kampf um die Hose" erscheint. Immer wieder wird in bildungs-didaktischer Hinsicht belehrend vor der Frau gewarnt, die die „Hosen anhaben" möchte. Die Hose wird zum bildlichen Symbol gesellschaftlicher Ordnung bzw. Unordnung.

Abb. 3 „Der Garten der Lüste" (Detail), Hieronymus Bosch, Museo del Prado, Madrid

Sie gilt bis in die Gegenwart als Spiegelbild eines patriarchalischen Kultur-verständnisses. So war es für Frauen in manchen traditionsorientierten Organisationskulturen bis ca. 1970/80 verpönt, an ihrem Arbeitsplatz lange Hosen zu tragen. Jaritz gelingt es, die gesellschaftliche Funktion eines offensichtlich unbedeutenden Gegenstandes herauszuarbeiten, in dem er deren soziale Verknüpfungen analysiert. Die Produktionsbedingungen und die Distribution von Bildern, deren formale Strukturen, Rezeptionsvorgaben der Komposition sowie die konkrete Bildaneignung durch den Betrachter bleiben hingegen unberücksichtigt.

2. *Ikonologie*

Der Kunsthistoriker Erwin Panofsky (1892–1968) begründete die ikonologische Methode. Im Vordergrund seines Interpretationsmodells steht die Analyse eines Einzelbildes. Seine Vorgehensweise lässt sich als dreistufig strukturierte Abfolge darstellen:

- vorikonische Beschreibung unter Berücksichtigung der Stilgeschichte
- ikonographische Analyse mit Bezug zu literarischen Quellen und kunst-historischer Typengeschichte entsprechend der vorhandenen Bildtradition (Beschreibung, Form- und Inhaltsanalyse von alten Bildwerken sowie deren wissenschaftliche Bestimmung)
- ikonologische Interpretation zur Erfassung eigentlicher Bildgehalte (kompositionelle, ikonographische Bilddetails als Symbol für typisch menschliche Geisteshaltungen in ihrer Zeit)

Talkenberger fehlen bei Panofskys Ikonologie wichtige sozialhistorische Fragestellungen. So ist ein Bild auch als Auseinandersetzungsprodukt des Künstlers mit seiner Umwelt zu verstehen. Daraus ergeben sich Fragen, die über die Funktion von Formgestaltungen bzw. gesellschaftlichem Beziehungsgefüge, in dem Künstler und Auftraggeber z. Z. der Bildproduktion standen, weit hinausgehen. Welche Motive des Künstlers oder Auftraggebers sind erkennbar? Welche gesellschaftliche Funktion nahm das Bild ein? Wie gestaltete sich die Rezeption des Bildes im Rahmen jeweiliger neuer historischer Kommunikationsprozesse? Antworten auf diese Fragen lassen ein Bild als Dokument von gesellschaftlichen Wertvorstellungen und Lebensorientierungen erscheinen. Darüber hinaus geben sie Auskunft über deren Wandlungsprozesse.

3. *Serielle Ikonographie (Vergleich als Methode)*

Bei der seriellen Ikonographie wird eine Vielzahl von Bildern, die einen möglichst großen Zeitraum betreffen, systematisch untersucht. Vorstrukturierte Frageraster und Erkenntnisse über den Wandel von Bildgestaltungen ermöglichen eine vergleichende Auswertung von Bildthemen, aus der sich Rückschlüsse auf eine generelle Einstellungsänderung der Bevölkerung ziehen lassen. Dabei werden speziell die Aussagemöglichkeiten über eine

Rezipientengruppe und deren Bewusstsein auf weitere Bevölkerungskreise übertragen. Die „populären" Bilderwelten können dabei als Beitrag einer zur Mentalitätsgeschichte verstandenen Bildinterpretation angesehen werden.

4. *Funktionsanalyse*

Die Funktionsanalyse behandelt als eigenständiger Ansatz Fragestellungen wie Lösungsversuche zur Interpretation eines größeren Bildbestandes. Einige Teilaspekte wurden bereits in der sozialhistorisch erweiterten Methode der Ikonologie angesprochen. Produktions- und Distributionsbedingungen (Bildentstehung, -vermarktung und -verbreitung) sind in die Funktionsanalyse einbezogen. Formale, inhaltliche Gesichtspunkte werden stärker als bei der ikonologischen Methode miteinander verbunden. Für Talkenberger gilt die Habilitationsschrift von Michael Schilling zur „Bildpublizistik der frühen Neuzeit" als gelungenes Beispiel einer Funktionsanalyse. Er entwirft darin eine überzeugende Typologie der Funktions- bzw. Gebrauchsweise von illustrierten Flugblättern u. a. als „Ware", „Nachrichten", „Werbeträger" und als „Mittel frühneuzeitlicher Vergesellschaftung".

5. *Semiotischer Ansatz*

Der semiotische Ansatz orientiert sich an Begrifflichkeiten aus der Zeichentheorie, der Linguistik sowie dem Strukturalismus und definiert das Bild als Teil einer visuellen Kommunikation. So werden ihm eine Syntax, Semantik und Pragmatik zugeschrieben. Darüber hinaus stehen die Erforschung der Wirkung von Bildern auf soziale Gegebenheiten und die Berücksichtigung ihres gesellschaftlichen Bezuges im Vordergrund. Zwischen der auf dieser Art zu ermittelnden Bildstruktur und den visuellen Kommunikationsprozessen, in denen das Bild von den Betrachtern/Innen angeeignet wird, gilt es, einen Zusammenhang herzustellen. Im Gegensatz zur herkömmlichen Vorstellung von Kunstwerken werden Bilder als visuelle Zeichen gedeutet. Die semiotische Kunstwissenschaft bevorzugt daher visuelle Produkte der Werbung und hat in diesem Rahmen bereits Elemente einer Bildrethorik entwickelt, die auch Kitsch bzw. Massenware einbezieht. Sie grenzt sich also bewusst von kunsthistorischen Intentionen ab, die den Sinngehalt eines Bildes deuten wollen. Ihr geht es vielmehr um den Kontext der Wahrnehmungssituation sowie um die Bedingungen des wahrnehmenden Bewusstseins. Insofern sind für sie die Rezipientenforschung und deren Voraussetzungen besonders bedeutsam. Die Stärke dieses Ansatzes liegt in der klaren Herausarbeitung von schematisierten Bildstrukturen und -funktionen sowie in der Berücksichtigung der Rezipientensituation.

6. *Rezeptionsästhetischer Ansatz*

Der rezeptionsästhetische Ansatz wurde in erster Linie von der Literaturwissenschaft beeinflusst. Er geht davon aus, dass sich Bildbedeutungen im allgemeinen erst durch die Betrachter/Innen konstituieren. In dieser Ansicht stimmen der semiotische und der rezeptionsästhetische Ansatz überein. Ein Teil der rezeptionsästhetischen Forschungen berücksichtigt daher auch Überlegungen der Wahrnehmungspsychologie. Methodische Werkorientiertheit und die Analyse der Betrachterfunktion spielen bei diesem Ansatz eine wesentliche Rolle. Die Bedürfnisse der Betrachter/Innen, speziell nach Voyeurismus, werden perspektivisch miteinbezogen. Als berühmtes Beispiel gilt die Untersuchung des Kunsthistorikers Torner zu Markarts Bild „Der Einzug Karls V. in Antwerpen" (1878). Torner gelang der Nachweis, dass der damalige Präsentationserfolg dieses Bildes im Kontext der identifikatorischen Bedürfnisse des Grossbürgertums zu sehen ist. Es konkurrierte damals gesellschaftlich mit dem Adel und sah sich in portraithafter Ähnlichkeit als Gefolge unmittelbar in die Nähe des Kaisers gerückt.

In Publikationen der Bildungsgeschichte, in denen Bilder als zentrale Quellen fungieren, werden diese häufig als typisierende, realitätserfassende Abbildungen generalisiert. Talkenberger weist jedoch mit Recht daraufhin, dass bei der wissenschaftlichen Rezeption von Bildern die gleiche Sorgfalt wie bei Textinterpretationen anzuwenden ist. Im Sinne eines Ringens um kulturelle Bewusstseinsbildung sei die historische Quellenforschung besonders dort bedeutsam, wo sie sich allgemein mit gesellschaftlicher Phantasieproduktion befasst.

Zu den vorgestellten Methoden der Bildanalyse Talkenbergers lassen sich jedoch folgende kritische Aspekte anmerken:
1. Die Ikonologie als Methode thematisiert zu wenig den Rezeptienten in seiner selbst wahrgenommenen Historizität
2. Mimetische und rezeptionsästhetische Erfahrungen bleiben allgemein unberücksichtigt
3. Bilder als Quellen der Bildungsforschung bergen die Gefahr eines ästhetischen Verlustes
4. Die Entwicklung und der Vergleich von Topoi werden zu wenig beachtet

In Bildungsprozessen ist gegenwärtig eine Hinwendung zu Video-, Film- und Powerpointpräsentationen, zu multimedialen Interaktionen und deren Analyse festzustellen. Im Rahmen des „iconic turns" scheint sich dieser Trend zur „Verbildlichung" unaufhaltsam fortzusetzen. Die Methoden der Bildinterpretation von Talkenberger im Rahmen der bildungsgeschichtlichen Forschung bieten daher einen wissenschaftlich fundierten Zugang zur Deutung bildlicher Produktionen in praktischen Bildungsprozessen. Auch bei selbstproduzierten Bildentwürfen können die verschiedenen methodischen Erkenntnisse zugrunde gelegt werden. Sie ermöglichen ein umfassenderes Verständnis im Umgang mit Bildern, die unsere Bildungsprozesse in zunehmendem Maße begleiten. Die kritischen Gesichtspunkte lenken dabei den Fokus auf die Bedeutung und den ästhetischen Bildungscharakter eines sinnlichen Verweilens bei Bildern. Sie warnen also vor einer allzu technischen Betrachtungsweise. So erfahren wir im Prozess der mimetischen Aneignung und im Dialog mit Bildern nicht nur sehr viel über deren Inhalte, sondern auch über uns selbst.

In einem letzten Beispiel soll der Begriff des Performativen ins Zentrum bildungsgeschichtlicher Forschung gerückt werden. Dazu wird auf eine überlieferte Legende aus der Firmengeschichte der Firma Hewlett Packard zurückgegriffen. Zum einen symbolisiert diese Legende als sichtbares, performatives Zeichen tiefer liegende Wertvorstellungen und -strategien der Organisationskultur dieses Unternehmens. Denn sie wird immer wieder neu „aufgeführt", um die darin enthaltenen zentralen Handlungsanweisungen kulturell zu übermitteln und bei den Firmenangehörigen zu verankern. Zum anderen wird in der Legende bzw. Geschichte selbst eine performative Inszenierung des Firmengründers beschrieben, die als symbolisches Ereignis seine Unternehmensphilosophie sowie seine Autorität herausstellt. Das Performative ist also in einer doppelten Ausrichtung vorzufinden – in dem Akt der erzählenden Überlieferung und dem Ereignis selbst.

Neuen Mitarbeiter/Innen wird anhand von Mythen, Legenden, Sagen, Geschichten über Firmengründer oder wichtigen Ereignissen indirekt, plastisch und einprägsam vor Augen geführt, worauf es in einer Organisation ankommt. Diese Inszenierungen gelten daher als Bestandteil ihrer betrieblichen Sozialisation, Enkulturation und Bildung über die historischen Elemente der spezifischen Organisationskultur.

In der Firma Hewlett Packard wird die Politik des offenen Materiallagers betrieben, d. h. Ingenieure haben unbeschränkten Zugang zum Materiallager. Ihnen ist freigestellt, dort jeder Zeit Material für das freie Experimentieren zu entnehmen. Die Mitarbeiter/Innen können also unabhängig von ihrem regulären Arbeitsrhythmus – auch am Wochenende und zu anderen Zeiten – ihre Firma aufsuchen, um kreative „Blitzideen" spontan und spielerisch praktisch umzusetzen. Eine Anekdote zu diesem Thema ist historisch in die wirtschaftswissenschaftliche Standardliteratur zur Unternehmenskultur eingegangen:

Bill Hewlett kam an einem Samstag in sein Werk und fand das Materiallager verschlossen vor. Er ging sofort in die Reparaturabteilung, holte einen Bolzenschneider und entfernte das Vorhängeschloss an der Tür. Daran befestigte er für alle sichtbar einen Zettel, der am Montagmorgen entdeckt wurde. Auf diesem Zettel stand geschrieben: „Diese Tür bitte nie wieder abschließen. Danke. Bill" (Vgl. Peters, T., J., Waterman, R., H., 1984, S. 283f).

Jedes Unternehmen entwickelt einen typischen Stil für Verhalten im informellen Bereich und für die Balance zwischen formaler wie informaler Interaktion. Mit dieser Geschichte versuchten Peters/Waterman ihre These zu veranschulichen, dass herkömmliches strategisches Management nicht genügt, um Spitzenleistungen hervorzubringen. Bill Hewlett hat durch seine performative Inszenierung der gewaltsamen Türöffnung des Materiallagers sowie der öffentlichen Dokumentierung dieses Aktes seine Managementstrategie unvergesslich in die Köpfe der Firmenangehörigen eingeschrieben. Gleichzeitig symbolisiert seine Handlung eine rituelle Machtinszenierung. Für alle Mitarbeiter/Innen ist sichtbar, das er seine unkonventionelle Politik des offenen Materiallagers „körperlich" wiederhergestellt hat. Seine höfliche Anweisung an der Tür unterstreicht informell, dass es ihm um die unbedingte Durchsetzung seiner Strategie geht, nicht um die Sanktion von Personen. Mit dieser Balance zwischen Gewaltakt und freundlicher, aber bestimmter Anweisung führt Bill Hewlett selbst spielerisch, spontan seine Unternehmensphilosophie auf.

Die Politik des offenen Materiallagers galt für alle als praktisches Wissen. Sie war die arbeitsorganisatorische Voraussetzung, um kreativen, spielerischen Elementen bei der Entwicklung von technischen Ideen Raum zu geben. Bill Hewlett hat diese Managementstrategie durch die öffentliche und gewaltsame Inszenierung in einem mimetisch- performativen Prozess wiederholt. Sie ist dadurch bis heute im kollektiv kulturellen „Firmengedächtnis" lebendig geblieben.

Diese Geschichten stellen sichtbare Kulturelemente eines Unternehmens dar. Sie werden wieder und wieder performativ inszeniert und behandeln häufig Situationen mit widersprüchlichen Erwartungen. Oft enthalten sie klare Verhaltenssignale oder verraten etwas über Prioritäten im Unternehmen. Einem „heimlichen Lehrplan" entsprechend versinnbildlichen sie den „roten Faden" für bestehende Konfliktregelungen in Organisationen. Im Verlauf einer Unternehmensgeschichte können die Legenden auch abgewandelt werden, um andere Verhaltensstandards zu implementieren (Vgl. Schreyögg, G., 2000, S. 629). Peters/Waterman heben mit dieser Legendenbildung die Bedeutung von strategisch performativen Handlungsmustern in Unternehmenskulturen hervor. Denn die Geschichte über Bill Hewlett verdeutlicht, wie sich die Wirklichkeit von Managementstrategien für alle erfolgreich und unmittelbar handlungsorientiert konstituieren kann. Unzählige Hochglanzbroschüren über Führungsleitlinien, viele Protokolle über Managementgrundsätze haben nicht annähernd eine solche ausdrucksstarke Wirkung wie diese „performance" eines Bill Hewlett. Zu Spitzen-leistungen gehören demnach auch überzeugend aufgeführte Erfolgsstrate-gien, die selbst gelebt werden. Das ist die wirtschaftswissenschaftliche Ma-nagementbotschaft von Peters/Waterman.

Der Begriff Performativität ist daher für die interdisziplinäre Erfor-schung des sozialen, kulturellen Handelns in Organisationen von besonde-rem Interesse. Deren Ergebnisse fließen unter bildungshistorischen wie -praktischen Aspekten in die Bereiche Personalentwicklung und berufliche Weiterbildung ein.

3.3 Zum Verhältnis von Mimesis, Körper und Sprache in Gesellschaft, Bildung und Kultur

Wenn es in der reflexiven Moderne um den gesellschaftlichen Anspruch geht, das „Gold in den Köpfen zu heben" (Jacques Delors), das verborgene Wissen zu Tage zu fördern und mit diesem intelligent wie beispielsweise Bill Hewlett in seiner „Management-Politik-Performance" umzugehen, müssen wir wesentliche menschliche „Scharniergelenke" oder „Bausteine" unserer Kultur neu betrachten.

So scheint das alte Führungsleitbild des Industriezeitalters überholt, in dem der arbeitende Mensch nach Befehl oder Gehorsam angeleitet wurde. Fähigkeiten und Möglichkeiten waren bis dahin auf einige wenige Fertig-keiten reduziert. In einem solchen System überwog Herrschaftswissen, krampfhaftes Klammern an Autoritäten und hierarchische Entscheidungs-abläufe. Eine postmoderne Gestaltung und Ausschöpfung der „Human Res-sources" orientiert sich hingegen kulturell an einem Wechselspiel grund-sätzlich anderer Wertvorstellungen. Dazu gehören u. a.: Reflexion, Selbst-verantwortung, Nüchternheit und Offenheit. Sie beziehen sich auf eine prä-zise sinnliche Wahrnehmung der Außenwelt, der Innenwelt – individuell oder organisationell – und der Zwischenwelt, die Spannungen zwischen außen und innen kreativ zu nutzen weiß (Vgl. Pindl, Th., 1998, S. 117ff). Liepmann führt diese beobachtbaren, gesellschaftlichen Phänomene auf einen gemeinsamen Nenner zurück. Die ökonomische und soziale Zukunft einer Gesellschaft werde verstärkt von dem Umfang der Lernbereitschaft sowie Lernfähigkeit ihrer Mitglieder abhängen. Sie seien quantitativ und qualitativ ständig an neuen Anforderungen auszurichten (Vgl. Liepmann, D., 1993, S. 11)

Zu den entscheidenden menschlichen „Schaniergelenken" bzw. „Bau-steinen" in unserer Kultur zählt die anthropologische Dimension der Mime-sis. Sie gilt als die „conditio humana" in annähernd allen gesellschaftlichen Bereichen, die unser menschliches Vorstellen, Handeln, Denken, Sprechen,

Schreiben und Lesen erst ermöglicht. Daher wirkt sie bestimmend für die präzise sinnliche Wahrnehmung und für unser Lernen. Mimesis wird als ein hochkomplexes Gebilde der Weltaneignung und -erzeugung verstanden, in dem eine Reihe von Bedingungen zusammenfließt. Sie umfasst theoretische wie praktische Vorstellungen der Welt, Erkenntnis, Handeln, Symbolsysteme, Kommunikationsmedien, Beziehungen von Ich und Anderen. Darüber hinaus bleibt sie nicht nur auf ästhetische Bereiche beschränkt, sondern erstreckt sich über den Horizont des Sozialen bis zur Teilhabe an der gesamten Welt und der Darstellung dieser Teilhabe in symbolischen Praktiken.

In jedem neuen historischen Zeitraum lassen sich beispielhaft verschiedene Entwicklungslinien von Mimesis nachzeichnen. Sie führen immer wieder zu einem eigenen Zusammenspiel von Bedingungen, aus denen spezielle kulturelle Konstellationen entstehen.

Im gegenwärtigen historischen Zeitraum – den Übergängen zur reflexiven Postmoderne – ist eine solche mimetische Konstellation als „tendenzielles Spiel von Bildern", in Anlehnung an den Begriff des „iconic turns", zu beobachten. Durch die Überproduktion und Verbreitung von Bildern wird unsere Kultur, Bildung und Gesellschaft mimetisch überschwemmt, durchmischt, aufgesaugt und in eine Welt des Scheins überführt. Eine solche Verbildlichung der Kultur zieht eine doppelte Bewegung nach sich. Mimesis ist besonders an der symbolisch konstituierten empirischen Welt, aber zugleich an der wachsenden Integration von Elementen der empirischen Wirklichkeit in die mimetischen Medien beteiligt. Beide Prozesse wirken zusammen, verstärken also die Effekte der Mimesis. Sie zeigen sich in der Versinnlichung unserer Alltagswelt und stellen daher nur eine andere Perspektive ihrer progressiven Entwicklung dar. Im wechselvollen Verlauf ihrer Geschichte hat sich ein weites Bedeutungsspektrum von Mimesis ergeben. Im Kapitel über die Begriffe Phantasie, Bild und Performativität sind einige ihrer Bezeichnungen (Nachahmen, Vorahmen, Vor-Augenstellen) behandelt worden. Ihre Spannweite umfasst jedoch weit mehr: sich ähnlich machen, zur Darstellung bringen, ausdrücken sowie Mimikry, Imitatio, Repräsentation, unsinnliche Ähnlichkeit. Ein Akzent der Mimesis liegt auf der intentionalen Konstruktion einer Entsprechung oder sinnlich gegebenen Ähnlichkeit (Vgl. Gebauer, G., Wulf, Ch., 1998, S. 9).

Im folgenden soll anhand einzelner historischer Positionen der Mimesis deren Bedeutung für die Fragen des Verhältnisses einer symbolisch erschaffenen Welt zu einer anderen Welt, die als die eigentlich wirkliche angesehen wird, hervorgehoben werden. Mimesis gilt dabei als zentraler Begriff der Humanwissenschaften. Seine Geschichte stellt sich als historische Auseinandersetzung um die Macht der symbolischen Welterzeugung dar.

Der Begriff umfasst also auch die Macht, andere und sich selbst darzustellen sowie die Welt zu interpretieren. Insofern hat Mimesis eine große gesellschafts- bzw. bildungspolitische Dimension. Dies lässt sich einerseits an der Geschichte der Machtverhältnisse verfolgen und andererseits daran, dass ihre Bestimmung zur Bildung des Menschen seit Platon unangefochten blieb. Sie hat sich über Jahrhunderte hinweg bis heute in dem Begriff des Modellernens (Bandura) erhalten. So sah Piaget in ihr den Ursprung der menschlichen Sprachbildung (Vgl. Kesselring, Th.,1988, S. 201). Er orientierte sich dabei an Platons Vorstellung der Mimesis als Nachahmung von vorbildlichen Menschen. Demnach sei ihr Ziel, selbst wie diese zu werden.

Von Platon gehen die ersten überlieferten Anstöße zur Reflexion der Mimesis im Rahmen des allmählichen Übergangs von der oralen zur Schriftkultur aus. Dahinter verbirgt sich seine ambivalente Einschätzung gegenüber mimetischen, antimimetischen Haltungen und Gebräuchen. Ging es in der vorplatonischen Zeit um ein unmittelbares körperliches Nachahmen der Handlungen und Äußerungen von Menschen oder Tieren im Sinne einer Aufführung des „So-tun-als-ob" – häufig mit rhythmischer Musikuntermalung, so erfolgte während der Verbreitung der Schriftkultur eine Neustrukturierung des Denkens, Wissen und Handelns. Die an orale Traditionen gebundene, nun überholte Mimesisvorstellung wurde von Platon völlig neu konzipiert. Dabei stellt er verschiedene Aspekte gegenüber:

Mimesis in der oralen Kultur
– den die Sinne überwältigenden Vortrag und die Verführung der Zuschauer/Innen
– den Anspruch, das Wahre und Richtige zu äußern
– das Auftreten der Rhapsoden als Erzieher
Mimesis zu Beginn der Schriftkultur
– Die Wildwüchsigkeit von mimetischen Prozessen
– Irreführung durch die Welt der Erscheinungen
– Rhapsoden haben keine Sachkompetenz

Platon kritisierte vornehmlich die unverblümte, performative Mimesis, ihre erzieherischen Ideale und religiösen Wurzeln der oralen Darbietungen. Seine Philosophie ordnet Mimesis strikt dem ästhetischen Bereich zu. Sie akzeptiert die mimetischen Prozesse im Nachbilden der sokratischen Dialoge, in der Methexis der Denkbewegung und einer eingeschränkten erzieherischen Funktion. Sein Verhältnis zur Mimesis bleibt daher widersprüchlich (Vgl. Gebauer, G., Wulf, Ch., 1998, S. 424).

Mit der Einführung der Schrift vollzieht sich seit der Antike ein unumkehrbarer Bruch in der abendländischen Kultur, da sie als erstes Medium die Trennung von Körper und Kommunikation generiert. Seitdem steht dem Menschen ein Medium der Reflexion zur Verfügung, dass unabhängig von sinnlichen, lebenspraktischen Kontexten existieren kann. Diese Transformationsleistung von gesprochener Sprache in Schrift antizipiert eine neue Form des Denkens. Aristoteles ist daher nicht mehr in die philosophischen Widersprüche Platons eingebunden, denn er hat Schriftkultur in seine Philosophie vollständig integriert. Mimesis wird bei ihm zum theoretisch technischen Begriff einer typischen Erzeugungsweise des Menschen in Analogie zur Natur. In dieser Schaffenskraft liegt für ihn eine Grunddisposition des Menschen, eine Quelle seiner Freude sowie der Erziehung (Vgl. Leeker, M.,1995, S. 93).

Während des tausendjährigen Mittelalters steht Mimesis als Begriff der „imitatio" für den Bezug zu Gott und erhält dadurch eine metaphysische Ausrichtung. Menschliches Handeln wird mimetisch im Verhältnis zum Gottesbild gesehen, Darin ist eine übergeordnete Norm enthalten, auf die das menschliche Dasein bezogen wird. Sinnvolles, erfülltes Leben erscheint nur in der Mimesis zu Gott möglich, alle anderen Beziehungen zur Welt bleiben nutzlos.

In der Renaissance erscheint Mimesis in einer hoch entwickelten Schriftkultur und übernimmt erneut einen herausragenden Part bei der Herausbildung dieser bedeutenden Epoche. Die Renaissance entdeckt die Antike wieder. Sie eignet sich deren fremde Kulturanteile an, in dem Texte und Philosophie aus ihrer Zeit in einer fremden Sprache durchgearbeitet werden. Die Renaissance kopiert dabei die Antike nicht, sondern bildet sie reflektiert ab, erzeugt sie neu aus ihrem kulturellen Blickwinkel heraus, wiederholt in mimetisch-performativen Prozessen ihre Sprache. Mimesis gestaltet sich hier als Sprechenlernen der Antike in eigenen Ausdrücken. Daraus erwächst ein neues mimetisches Selbstverständnis der Renaissance und gleichzeitig eine Distanz zur Antike.

Zur Zeit des Absolutismus konstruiert Mimesis die politische Wirklichkeit einer märchenhaften Fiktion. Im Zentrum steht das alles überragende Portrait des Königs, eingebunden in überirdische Wunder als Gottesauserwählung und fern ab von irdischen Realitäten.

Während der Aufklärung wird Mimesis zum dramatischen Medium des Bürgertums im Kampf um Macht. Infolge veränderter Herrschaftsverhältnisse und mimetischer Weltkonstruktionen der Literatur entsteht der Anspruch des Bürgertums auf eine gesellschaftliche Führungsrolle. In diesem bürgerlichen Klima erwächst eine eigene Empfindungs- und Gefühlskultur, die universale menschliche Eigenschaften ideell repräsentieren will. Mit moralischem Zeigefinger zielt sie auf eine mimetische Wendung nach Innen. Entsprechend der Naturnachahmung sollen intrapsychische und geistige Vorgänge im Äußeren sichtbar werden. Im 18. Jahrhundert wird Mimesis zum alleinigen Prinzip der Kunst, während die Einbildungskraft als menschliche Entfaltung herausgestellt wird. Mimesis gilt nicht mehr als modellbezogen, sondern als eigenständig. Rousseau forciert dann nachhaltig die Wiederentdeckung der Sinnlichkeit. Seine literarische Mimesis zeigt sich für den Bildungsbegriff in herausragender Weise in dem Roman „Emil oder über die Erziehung", in dem er fiktive Bilder eines anderen und sich selbst entwirft.

Benjamin, Adorno und Derrida haben die besondere Bedeutung der Mimesis erkannt. So verstand Benjamin sie als unsinnliche Ähnlichkeiten, die erst in der Korrespondenz mit anderen Gegenständen erfahrbar werden. Adorno stellte sie als Brücke zur Welt dar. Derrida sah Mimesis im Verhältnis zum Textbegriff. Texte sind für ihn unverfügbar, da sie in Verbindung zu Vorausgegangenem stehen. Sie erscheinen in einem geregelten, aufeinander bezogenen Spiel von anderen Texten und sind deshalb immer doppelt zu interpretieren. Durch Dekonstruktion lassen sich die Bedeutungen ihrer Codes dechiffrieren. Zur Mimesis gehört nach Derrida ein Zwischencharakter wie ein „Scharnier", das Außen und Innen verbindet. Daher bleibt sie ambivalent, artikuliert sich im Spiel von Anwesenheit bzw. Abwesenheit (Vgl. Gebauer, G., Wulf, Ch., 1998, S. 425ff). Die Schrift stellt seit der Antike bis Mitte des 19. Jahrhunderts das dominante Medium der abendländischen Kultur dar. Sie brachte in Verbindung mit den Wissenschaften, der Bildung, der Kunst und des Maschinenzeitalters bis zur Automatisierung eine Mimesis hervor, die den Menschen im Kontrast zu seiner komplexen Weltaneignung von der irdischen Umwelt entfremdet hat. In den Übergängen zur reflexiven Postmoderne treten nun neue Medien hervor, die unser Denken ähnlich wie zu Beginn der Schriftkultur umgestalten. Sie implizieren ein Konzept von Mimesis, in dem wir die Medien als Teil von uns selbst betrachten können. Mimesis erscheint daher nicht als Priorität der Aneignung, sondern der Annäherung und Verkörperung im Sinne einer Reintegration des Daseins in eine sozial vermittelte Wirklichkeit. In dieser interaktiven, kommunikativen Dimension von Mimesis liegt die Chance zum autonomen Umgang mit neuen Medien und zur Erweiterung körperlicher wie mentaler Grenzen (Vgl. Leeker, M., 1995, S. 102). Mit Blick auf die neuen Medien wird jedoch die Ambivalenz von Mimesis offensichtlich. Als „Scharniergelenk" einer reflexiv postmodernen Kultur zeigt sie sich in erster Linie auf zwei Arten: ihre interaktiven wie kommunikativen Aspekte können zum oberflächlich menschenverlorenen „Datenhighway" der Kommunikations- bzw. Unterhaltungstechnologie verkommen oder aber zu weltweit vernetzten, sinnvollen Dialogen und Lernarrangements führen. Die Entwicklung einer effektiven „Kraft der Kommunikation" und des Lernens in Bildungsprozessen im Medienverbund schließt allerdings eine offene organisationskulturelle Architektur mit ein, deren „Konstrukteure" nicht über Verunsicherung bzw. reflexive Erneuerung klagen. In der Personalentwicklung/beruflichen Weiterbildung zeigen multimediale Lernwerkstätten vielversprechende Ansätze. Lernen wird zum gesamtgesellschaftlichen Feld oder mit Kants Worten zum „Ausgang aus der selbst verschuldeten Unmündigkeit".

3.4 „Theatrum vitae humanae" oder „Theatrum mundi" – Bildung als Schöpfung, Inszenierung, Konstitution von Welt und Wirklichkeit

Die bisherigen Ausführungen zu den Begriffen Phantasie, Bild und Performativität zeigen, wie deutlich sich unsere gegenwärtige Bildungskultur als mediale Inszenierung von Wirklichkeit erfahren und beschreiben lässt. In allen gesellschaftlichen Bereichen konkurrieren zur Zeit einzelne oder Gruppen darum, sich selbst und ihre Lebenswelt wirkungsvoll in Szene zu setzen. Politik, Wissenschaft, Kunst, Wirtschaft, Arbeit, Freizeit, Sport, Familie, Städteplanung und Architektur werden einschließlich ihres jeweiligen Umfelds als kulissenartige „Environments" inszeniert. Darin kostümieren sich deren Akteure in wechselnden „Outfits" oder „Designs", um ihren individuellen „Lifestyle" mit Effekten performativ bzw. als Abbildung zur Schau zu stellen. Wie beim Einkaufen, dass als „Shopping-Adventure" offeriert wird, sind derzeit in Bildungsprozessen Tendenzen zu einer unterhaltsamen „Erlebnispädagogik", zum exotischen „Outdoor-Training" und zur effektvollen „Familienaufstellung" sichtbar. In der Weiterbildung gibt es den gruppendynamischen „Selbstfindungsworkshop", in der Personalentwicklung dramatisches „Unternehmenstheater". Allen Angeboten liegen verschiedene Strategien des „Outens" vor einem Publikum zugrunde. Dabei wird nicht nur konsumiert, sondern das Erfahrene in „performances" aufgeführt. Hinter diesem „Showbusiness" und „Entertainment" inszenierter Bildungsereignisse kommt eine „Erlebnis- und Spektakelkultur" zum Vorschein, die sich selbst ständig neu produzieren und als existent beweisen muss. Dadurch bekommt Wirklichkeit zunehmend den Charakter von Inszenierung und Darstellung.

Das Bild vom „Theatrum vitae humanae" oder „Theatrum mundi" zeichnet das menschliche Leben als Schauspiel nach, in dem der Mensch sich selbst, vor Zuschauern, Zeitzeugen, Gott und der Welt aufführt. Alles, was zum Leben dazu gehört, jede Empfindung, jeder Gedanke, jede Tat, jedes Ereignis, jede Beziehung, jedes Wort und jedes Schweigen wird Teil seines szenischen Spiels. Diese metaphorische Vorstellung spiegelt sich in den aufgezählten Beispielen der Bildungsprozesse wieder (Vgl. Fischer-Lichte, E., 1998, S. 24f).

Die äußere Maske vom wahren Selbst der schauspielernden Teilnehmer/Innen und Dozenten/Innen in Bildungsinstitutionen zu differenzieren, deren verborgene Seele zu erkennen sowie ihre Dramaturgie angemessen und ausgewogen zu beurteilen, gehört dabei zu den Geheimnissen unseres Lebens und berührt in besonderem Maße bildungsphilosophische Fragen. Die Perspektive der Theatralisierung unserer zeitgenössischen Bildungs- und Lebenswelt rückt dagegen die performative Darstellung von Wirklichkeit in den Vordergrund, vor allem die Prozesse der Selbstinszenierung. Als Teil dieser performativen Darstellung zählt nur, was in und mit ihr zur Erscheinung gebracht und von anderen wahrgenommen wird, sowie das Arrangement der eingesetzten Techniken bzw. Praktiken, die zu ihrer Vollendung führten.

Zentraler Fixpunkt dieser „performances" sind nicht die Übermittlung bestimmter Bedeutungen zur Sinnvermittlung für die Zuschauer/Innen, sondern das „between" als Zwischenraum unter den verschiedenen Rollenträger/Innen. Diese Zwischenwelt bringt ein liminales Feld hervor, in dem Bedeutungen erst verhandelt, ausgetauscht und verkündet werden. In der Liminalität ist demnach Raum für einen Prozess vorhanden, der Sinn erst durch Hinterfragen und in einem anschließenden Diskurs hervorbringen kann. Währenddessen erscheint alles möglich, selbst der Ausgang bleibt ungewiss. In dieser Dynamisierung des Austausches konstituieren Performer/Innen und Zuschauer/Innen in Bildungsprozessen ihr jeweiliges Selbst ständig neu. Liminalität enthält dadurch den Charakter einer Metakommunikation nach dem Verständnis der pragmatischen Axiome Watzlawicks, wobei der Sinn performativer Selbstinszenierungen erst gemeinsam zu kommunizieren ist (Vgl. Watzlawick, P., et al., 1996, S. 50ff). Dieses bedeutungsvolle „Dazwischen" einer performativen Aufführung scheint für unseren heutigen Kultur- und Bildungszustand als Übergangsphase oder Brücke bezeichnend zu sein. Vielleicht werden in den „Bildungs-Performances" kulturelle Handlungen antizipiert bzw. ausprobiert, die für zukünftige Bildungsvorstellungen tauglich erscheinen. Möglicherweise sind Bildungsprozesse auch durch diese transformativen Elemente zum Experimentier- und Spielfeld für visionäre Interpretationsmöglichkeiten des Wissens, Sinnzusammenhänge des Lernens, Karrierestarts oder für individuelle biographische Selbstentwürfe geworden.

Ein solcher Ansatz unbegrenzt menschlicher Entfaltungsmöglichkeiten artikuliert sich derzeit in dem bildungspolitischen Anspruch zur Wissens- und Lerngesellschaft. Dabei ist offen, welche ethischen Tiefenstrukturen sich in diesem Gesellschaftsentwurf entwickeln und zu einer neuen Balance der Begriffe Bildung und kultureller wie persönlicher Identität führen.

Begreift man eine Organisation als Miniaturgesellschaft, in der eine eigene Sprache, Mythen, Rituale, Symbole und Tabus existieren, so wird deutlich, dass in der Personalentwicklung und beruflichen Weiterbildung ein gesondertes „Theatrum vitae humanae" oder „Theatrum mundi" performativ inszeniert wird. Teilnehmer/Innen und Moderator/Innen, die in verschiedenen Lebens- und Arbeitszusammenhängen eingebunden sind, repräsentieren in Bildungsveranstaltungen ihre Fachlichkeit, Arbeit und sich selbst in mimetisch-performativen Prozessen vor dem Hintergrund einer speziellen Organisationskultur. Sie verständigen sich in ritualisierten Formen gemeinschaftsorientierend darüber. Währenddessen bilden sie die Organisationskultur, in der sie sich bewegen, symbolisch für Außenstehende ab. Aus dem verhandelnden Diskurs über die Bedeutungen der individuellen Repräsentationen erwachsen die Schöpfung, Inszenierung sowie Konstitution von Organisationswelten und -wirklichkeiten. Sie stehen je nach Stärke bzw. Schwäche der Organisationskultur im wechselseitigen Austausch mit dem übergeordneten gesellschaftlichen System. Im Verlauf der organisationellen Sozialisation wird durch die mimetisch-performativen Prozesse der einzelnen das Rollenverhalten ausbalanciert. Gleichzeitig erfolgt eine Anpassung an die vorhandene Arbeitskultur sowie an die vorherrschenden Norm- und Wertvorstellungen.

Personalentwicklung und berufliche Weiterbildung tragen daher mit ihren performativen Handlungen wesentlich zur symbolischen Vermittlung und Entwicklung von Interpretationsansätzen für die Organisationswelt bei. Ihre Bildungsmaßnahmen gewährleisten neben der beruflichen Qualifikation, dass gemeinsame Überzeugungen wie Sinnzusammenhänge in mimetisch-performativen Inszenierungen vor Publikum bzw. Spielleitern durchgespielt, geprobt, neu entworfen und reflektiert werden. Dadurch können die Mitarbeiter/Innen von den „Organisationsbildern", „Denkhaltungen" und „basic assumptions" ganz durchdrungen werden, wobei eigene Überzeugungen miteinfließen. Vor ihren Augen entsteht dann ihre Organisationswelt und -wirklichkeit, die aus persönlichen oder kollektiven Anteilen besteht. Aus dieser Perspektive haben Organisationsmitglieder ihre eigene Rolle und die der anderen in performativen Darstellungen ständig neu zu überprüfen, zu definieren und untereinander auszuhandeln. Dabei unterliegen fachliche Kompetenzen und funktionale Kategorien innerhalb der Organisationswelt ebenfalls solchen mimetisch-performativen Inszenierungen.

Die produktive Kraft performativer Bildungsprozesse zeigt sich jedoch nicht einfach darin, irgendwelche Wissens- und Wirklichkeitsbedeutungen zu erschaffen, sondern in dem konstruktiven Umgang mit den Phänomenen und Dingen, die wir selbst nicht hervorgebracht haben. Mit der innovativen Handhabung dessen, was außer unserer Macht liegt, lassen sich die bestehenden Bedingungen von Organisationskulturen kreativ nutzen. Tradition und Erneuerung, Bestätigung und Subversion stehen dabei in einem komplizierten Wechselverhältnis zueinander. Ihre mehr oder weniger sinnstiftenden Prozeduren zeigen sich in immer wieder unterschiedlichen Wiederholungen.

Alle Ereignisse in Bildungsprozessen, die im Kontext von sinnhaften Phänomenen stehen, wie Sprechen, Schreiben, Lesen, Interpretieren, Darstellen etc., enthalten einen operativen Charakter des Geschehens. Sie lassen sich mit den Termini des intentionalen Handelns nicht hinreichend beschreiben. Der Begriff des Operativen könnte also darauf verweisen, dass nicht entscheidend ist, was funktional getan wird, sondern wie gehandelt wird. Medien bilden dabei die historischen Instrumente in performativen Bildungsprozessen. Organisationskultur und Bildung werden nicht nur realisiert und bedingen sich gegenseitig, sondern sind vor allem durch Medien konstituiert. Diese vereinnahmen wir oder machen sie uns zugänglich, indem wir unsere Wirklichkeitsauffassungen durch sie hervorbringen und diese symbolisch auf der Bühne des „Welttheaters" für uns selbst, für andere und unser Umfeld ausdrücken (Vgl. Krämer, S., 1998, S. 48).

Abb. 4 „Mitarbeiter auf die Bühne" – Theaterelemente im Training (Engel, A., 2001, S. 104)

4. Phantasie, Bild und Performativität - Implizite Phänomene in der Personalentwicklung und beruflichen Weiterbildung

Die Bedeutung der Begriffe Phantasie, Bild und Performativität für Personalentwicklung/berufliche Weiterbildung liegt in der Schlüsselfunktion ihrer Verbindung von sinnlicher Erfahrung und Denken begründet. Entsprechend den historisch-anthropologischen Untersuchungen in Kap. 3 sind Vorstellungen, innere Bilder und mimetisch-performative Inszenierungen ein wesentlicher Zwischenschritt auf dem Weg, wie sinnliche Eindrücke in abstraktes Denken transformiert, verarbeitet und strukturiert werden (Vgl. Schäfer, G., E., 1999, S. 311). Die drei Begriffe bilden daher zentrale anthropologische Voraussetzungen für die Doppelfunktion von Personalentwicklung und beruflicher Weiterbildung - die Vermittlung von kognitivem Wissen und affektiven Einstellungen. Dabei stehen als Ziele Leistung und Loyalität im Vordergrund (Vgl. Krell, G., 1989, S. 273). In Bildungsveranstaltungen nehmen Phantasie, Bild und Performativität zusätzlich eine besondere symbolische Rolle für die Übernahme von sozial integrativem, handlungskoordinierendem und motivationsorientiertem Wissen ein. Dies manifestiert sich vor allem im „Wir-Gefühl" einer Organisationskultur. Nonaka/Takeuchi heben in ihrem Ansatz zum Wissensmanagement genau dieses Potential und diese Kreativität des Menschen hervor. Sie verwenden nur andere Begriffe für die anthropologischen Kategorien Phantasie, Bild und Performativität. So werden diese menschlichen Fähigkeiten bei ihnen unter dem Begriff der impliziten Wissensressourcen subsumiert, die sie als Erfahrungswissen (Körper), gleichzeitiges Wissen (hier und jetzt) und analoges Wissen (Praxis) bezeichnen. Dem wird der Begriff des expliziten Wissens gegenübergestellt, das als Verstandeswissen (Geist), sequentielles Wissen (da und damals) und digitales Wissen (Theorie) untergliedert wird. Dabei ist für Nonaka/Takeuchi das in Worte und Zahlen fassbare Wissen nur die Spitze des Eisberges. Es stellt sich für sie ausschließlich als etwas Formales, Systematisches dar, dass sich problemlos aus wissenschaftlichen Formeln, festgelegten Verfahrensweisen oder universellen Prinzipien herleiten lässt. Der Mensch erscheint im Umgang mit explizitem Wissen eher als Informationsverarbeiter, nicht als Urheber. Das eigentliche Wissen halten sie daher für etwas Implizites. „Implizites Wissen ist sehr persönlich und entzieht sich dem formalen Ausdruck, es lässt sich nur schwer mitteilen. Subjektive Einsichten, Ahnungen und Intuitionen fallen in diese Wissenskategorie. Darüber hinaus ist das implizite Wissen tief verankert in der Tätigkeit und der Erfahrung des einzelnen sowie in seinen Idealen, Werten und Gefühlen" (Nonaka,I., Takeuchi, H., 1997, S. 73 u. 19).

Personalentwicklung/berufliche Weiterbildung ermöglichen einen sozialisierenden Erfahrungsaustausch und Lernprozess in Organisationen. Dabei werden die zentralen impliziten Phänomene – Metaphern, Modelle, Analogien, innere Bilder, Hypothesen und mimetisch-performative Inszenierungen – wechselseitig transportiert. Im Dialog bzw. in der kollektiven Reflexion treten sie hervor und werden externalisiert. Durch die Kombination der zuvor unterschiedlichen impliziten Wissensarten, die über Medien ausgetauscht werden, entsteht neues explizites Wissen. Auf gleiche Weise geschieht durch Prozesse der Internalisierung eine Umwandlung von explizitem Wissen – Daten, Fakten, Fachwissen u. a. – in implizites Wissen.

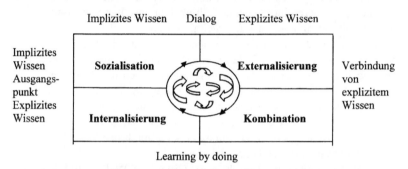

Abb. 5 Vier Formen der Wissensumwandlung und die Wissensspirale (Vgl. Nonaka, I., Takeuchi, H., 1997, S. 75 u. 84)

Bisher standen sichtbare, funktionale Phänomene der Wissensvermittlung in der Personalentwicklung/beruflichen Weiterbildung im Vordergrund. Nonaka/Takeuchi haben durch ihr innovatives Modell der Wissensumwandlung bzw. Wissensspirale aus wirtschaftswissenschaftlicher Sicht verdeutlicht, dass die impliziten Phänomene menschlichen Wissens, Denkens wie kulturellen Handelns in besonderem Maße mit unserer sinnlichen Wahrnehmung verbunden sind sowie einen überdurchschnittlichen Einfluss auf unsere Wirtschaft und Kultur haben. Diese Erkenntnisse kreuzen sich mit den historisch-anthropologischen Ansätzen der vorliegenden Arbeit. Sie lassen sich daher in deren interdisziplinäres Konzept integrieren. Das folgende Kapitel rückt die herausragenden Wirkungen der impliziten Phänomene Bild, Phantasie und Performativität im Rahmen von Personalentwicklung/beruflicher Weiterbildung in den Vordergrund. Wesentliche symbolische Formen und rituelle, mimetisch-performative Handlungsmuster dieses Bildungsbereichs werden ausgewählt, analysiert und deren anthropologische Dimensionen für die kulturstiftenden Lebensprozesse einer Organisation herausgearbeitet.

4.1 Phantasie, Bild und Performativität als Gabe in Organisationskulturen

Der Gabenaustausch gilt als ein elementarer Baustein des sozialen Lebens, der in allen Kulturen der Welt gleich strukturiert ist. Er besteht aus den drei Phasen von Geben, Nehmen, Wiedergeben und vollzieht sich in reziproken, sich wiederholenden Verpflichtungen und Gegenverpflichtungen zwischen Gruppen. Ein solcher Gabenaustausch findet auch innerhalb von Organisationen in Bildungsprozessen statt. Wir nehmen Lerninhalte als angebotene Gabe mimetisch wahr und verarbeiten sie mit unseren Sinnen. Dabei konstituieren Phantasie und innere Bilder unser rationales Denken. Entsprechend unseren individuellen Fähigkeiten gestalten wir anschließend innerlich die Lerninhalte zu Lernergebnissen um, damit wir sie in performativen Inszenierungen wieder als Gabe an die Umwelt abgeben und präsentieren können. Dieser zirkuläre Ablauf durchzieht unser gesamtes Dasein. Lebenslanges Lernen als wechselseitiges Geben und Nehmen ist daher ein bestimmender Faktor für Bildungskulturen. Darüber hinaus wird der Gabenaustausch allgemein als die „totale soziale Tatsache" bezeichnet, die alle kulturellen Bereiche umfasst. So werden ökonomische, politische, religiöse wie psychologische Handlungsweisen durch den Tausch von materiellen und immateriellen Gütern bestimmt.

Dazu gehören nicht nur Tauschwaren, Grund und Boden. Vielmehr zählen ebenso Werte wie Glück, Vertrauen, Freiheit, Freundschaft, Prestige, Status, Positionen, Ämter, Ränge und Dienstleistungen zum Handel mit Gütern. Dabei spielen Vorstellungen von Freigebigkeit, Großzügigkeit, Konsum und Profit eine bemerkenswerte Rolle. Neben positiven Werten fließen im umgekehrten Verständnis auch negative in diese „Markt- und Tauschbeziehungen" mit ein. Sie lassen sich beispielhaft mit Geiz, Neid, Askese, Falschheit, Verstellung, Intrige, Diebstahl, Korruption oder Krieg umschreiben (Vgl. Köpping, K.-P., 1997, S. 822 ff).

Die Gabe wird in der Regel als Grundlage aller ökonomischen Beziehungen angesehen und verkörpert symbolisch den „Imperialismus" des Menschen. Er besteht aus dem nie endenden Wettstreit von rituellen Verpflichtungen, denen wir nicht entkommen. So steuern Formen der Überbietung, Revanche und Rivalität, die zum kriegerischen Konflikt oder zur freundschaftlichen Kooperation von Gruppen führen können, unser kulturelles System von Leistungen und Gegenleistungen. Doch nicht alle Tauschbeziehungen zwischen Menschen in modernen Kulturen sind durch eine rein „kapitalistisch" orientierte „Händlermoral" gekennzeichnet. Neben dem vorrangig ökonomischen Austausch beruhen viele Handelskontakte atmosphärisch auch auf einer anderen ethischen Verpflichtung der Freiheit zur Gabe. So schreibt Derrida: „Damit es Gabe gibt, ist es nötig, dass der Gabenempfänger nicht zurückgibt, nicht begleicht, nicht tilgt, nicht abträgt, keinen Vertrag schließt und niemals in ein Schuldverhältnis tritt". Gabe ist also in vielem enthalten, was nicht unmittelbar zu erkennen ist. Sie entgeht konventionellen Vorstellungen. Dem fügt Derrida wiederum hinzu: „Gabe als Gabe kann es nur geben, wenn sie nicht als Gabe präsent ist. Weder dem „einen" noch dem „anderen". Wenn der andere sie wahrnimmt, sie als Gabe gewahrt und bewahrt, wird die Gabe annulliert" (Vgl. Derrida, J., 1993, S. 24f). In diesem Sinne stellen Phantasie, innere Bilder und Performativität in Organisationskulturen etwas implizit Gegebenes dar, das in zwischenmenschlichen Beziehungen wie im fachlichen Austausch aufblühen und reifen kann. Dabei handelt es sich um selbst hervorgebrachte Vorstellungen, neue Ideen oder Visionen. Es können auch mimetisch-performative Handlungen von Mitarbeiter/Innen sein, die sich in Bildungsprozessen innovativ entfalten und Früchte tragen, bevor „das freie Schenken" sie „in andere Hände" überführt. Diese Gaben müssen sich jenseits der Präsenz als Überraschung ereignen (Vgl. Zirfas, J., 2001, S. 92).

In umgekehrter Weise werden kreative Gaben in Organisationskulturen nach Derrida symbolisch annulliert, wenn die Ökonomie und der gewohnte Diskurs des Systems nicht zu durchbrechen sind. Da Gaben aus dem Überfluss entstehen und in Vergessenheit geraten, können sie dann nicht wahrgenommen und gelebt werden (Vgl. Weiler, Ch., 1998, S. 163).

Gabe als Gegebenheit – bezogen auf die drei Begriffe Phantasie, Bild und Performativität – bedeutet, diese als spezifische Besonderheiten des Menschen zur impliziten Wissensproduktion in Organisationskulturen überhaupt anzuerkennen und anzunehmen. Voraussetzung hierfür ist der produktive Umgang mit der grundlegenden Erkenntnis, dass sie eine entscheidende Rolle bei der Entwicklung von nachhaltigem Lernen und fachlicher Qualifikation einnehmen. Alle Lernprozesse – von der Kindheit bis ins hohe Erwachsenenalter – bleiben unmittelbar an sinnliche Erfahrungen und die Erinnerung daran gebunden. Sie verlaufen wenig bewusst, denn das kostbarste Wissen tragen wir als etwas Gegebenes in uns. Es lässt sich nicht immer lehren und weitergeben. Phantasie, Bilder und performative Handlungen sind jedoch Gaben, die es mimetisch-performativ hervorbringen.

So wurde in Japan der beste Baseballspieler aller Zeiten, der sogar „Mr. Baseball" genannt wurde, nach seinen so erfolgreichen Strategien in schwierigen Spielsituationen befragt. Er antwortete in Bildern, gestikulierte viel und konnte keine logisch strukturierte Erklärung hervorbringen. Seine abschließenden Worte waren schlicht „man muss es fühlen" (Vgl. Nonaka, I, Takeuchi, H, 1997, S. 19f).

Wie diese Gaben innerhalb von Personalentwicklung und beruflicher Weiterbildung für Gestaltungsprozesse von Organisationskulturen symbolisch konstruktiv genutzt werden können, zeigt das Beispiel eines betrieblichen Wissensmanagements beim Volkswagen-Werk Hannover.

> „Projekt <Know-how-Verlust>:
> Als das Volkswagen-Werk in Hannover eine neue Vorruhestandsregelung einführte, wurde deutlich, dass das umfangreiche Erfahrungswissen der ausscheidenden Beschäftigten verloren geht und dass dieser Know-how-Verlust durch das wissenschaftliche Wissen der Nachwuchskräfte nicht hinreichend kompensiert wurde. Erika Sündermann untersuchte in ihrer Diplomarbeit dieses Problem durch Interviews mit den beteiligten Gruppen, und sie wurde nach ihrer Diplomprüfung als Projektmitarbeiterin von der VW-Coaching-Gesellschaft eingestellt, um Methoden und Maßnahmen zum Transfer des impliziten Wissens älterer Mitarbeiter zu entwickeln und zu erproben. Ein Beispiel für diese Formen arbeitsintegrierten Lernens: In der Gießerei wird eine Arbeitsgruppe aus sechs älteren Führungskräften und fünfzehn jüngeren Mitarbeitern gebildet. Es entsteht ein „Senior-Paten-System". Durch Interviews werden aktuelle betriebliche Probleme ermittelt, zum Beispiel technische und organisatorische Probleme in der Gießerei. Es werden „critical incidents" festgestellt, und die „Senioren" berichten, welche Erfahrungen sie bisher mit solchen Situationen gemacht haben. Die Gespräche werden moderiert, visualisiert, protokolliert, die Ergebnisse werden dokumentiert und zum Teil in Datenbanken gespeichert. Dieser Erfahrungsaustausch wird ergänzt durch „Reflexionsmeetings", zum Teil mit Expertenvorträgen, auch durch gemeinsame Betriebsbesichtigungen vor Ort" (Vgl. Siebert, H., 2001, S. 159).

Dem Volkswagen-Werk Hannover ist es dadurch gelungen, eine offene betriebliche Lernkultur zu entwickeln, die individuelle und teamorientierte Weiterbildung fördert. Träger der impliziten Phänomene des Wissens ist das Personal, das je nach Lernanregung der Arbeitswelt seine individuellen Gaben symbolisch in die Organisationskultur einbringt. Je größer die Möglichkeiten des selbstorganisierten Lernens und die Dispositionsspielräume einer Organisationskultur sind, desto komplexer und variabler gestalten sich Lernchancen wie Lernimpulse. Phantasie, Bilder und Performativät stellen dabei schöpferische Gaben dar, die auf persönlichen Erfahrungen beruhen. Sie äußern sich im „Fingerspitzengefühl", im „intuitiven Gespür" von kreativen Problemlösungen sowie in einem ausgeprägten Neugier- und Explorationsverhalten. Organisationskulturen brauchen daher zur Entfaltung dieser Gaben offene, kreativitätsfördernde Strukturen (Vgl. Liepmann, D., et al., 1995, S. 161).

4.2 Riten, Rituale und Zeremonien des Managements
– Instrumente organisationskultureller Sinnstiftung

Organisationskulturen bestehen aus einem Netzwerk von „ideellen und materiellen Kulturgütern". Sie werden im Lauf der Zeit um einen Kulturkern von gemeinsamen Grundüberzeugungen ihrer Mitglieder geflochten. Dabei gibt es unterschiedliche wissenschaftliche Auffassungen über diejenigen Elemente, die das Netzwerk bilden. Die „Klassiker" der wirtschaftswissenschaftlichen Literatur bevorzugen vorwiegend eine kulturanthropologische Perspektive (Vgl. Krell, G.,1991, S. 65ff). Aus dieser Verbindung zu den Kulturwissenschaften lässt sich ein interdisziplinärer Zugang im Sinne der theoretischen Orientierung dieser Arbeit entwickeln. Eine Auswahl von beobachtbaren Kulturphänomenen veranschaulicht nach Krell die folgende Graphik von Sackmann:

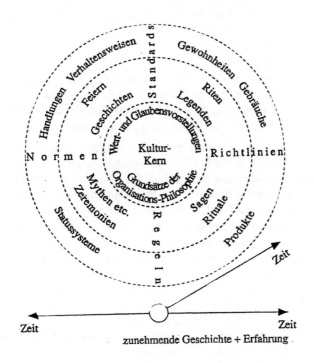

Abb. 6 Kern und Netzwerk von Organisationskulturen (Vgl. Sackmann, 1983, S. 397)

Organisationskulturen entwickeln ein spezifisches System sozialer Beziehungen und unterschiedlicher Kulturpraktiken, die als Ergebnis von historischen Lernprozessen zu verstehen sind. Einzelne Kulturformen existieren dabei in Abgrenzung zu anderen. Zugleich bestehen gegenseitige Abhängigkeiten zwischen ihnen, die sich in zahlreichen Kombinationen und vielen performativen Ausdrucksformen wiederspiegeln. Kulturelle Praktiken werden im täglichen Arbeitsleben immer wieder bestätigt und in der Personalentwicklung/beruflichen Weiterbildung gezielt an neue Mitglieder weitergegeben. Sie konstituieren in symbolischen Kommunikationen die mentale Haltung einer Organisations- bzw. Unternehmensgemeinschaft. Darüber hinaus haben sie einen besonderen sinnstiftenden, affirmativen Charakter. Zu den gängigen kulturellen Formen zählen:

Ritus:	Eine geplante, dramatische Szene von sozialen Aktivitäten bzw. ein Kulturausdruck zur Verfestigung eines Ereignisses
Zeremonie:	Ein System von Riten, verbunden mit einer Situation bzw. einem Ereignis
Ritual:	Eine standardisierte, detaillierte Szene von Techniken und Verhaltensweisen
Mythos:	Dramatische Erzählung von vorgestellten Ereignissen
Sage:	Historische Erzählung mit häufig „heroischen Bezügen"
Legende:	Leichtgängige Geschichte von wundervollen Ereignissen
Symbol:	Medium zur Übertragung von Bedeutungen

Riten, Rituale und Zeremonien stellen zentrale wissenschaftliche Forschungsobjekte dar. Bisherige Forschungsgegenstände waren in den Wirtschaftswissenschaften u. a. Personalpraktiken als Zeremonien, Leitungshierarchien als Unterwerfungszeremonien, Manager- und Organisationsgeschichten als Legenden und Mythen sowie die Verknüpfung von Entscheidungsfindungen und Ideologien. Dabei kann die isolierte Betrachtung einzelner Kulturelemente auch „Zerrbilder" hervorrufen. Riten, Rituale und Zeremonien haben viele soziale Konsequenzen und werden als „soziale Dramen" in Organisationskulturen mimetisch-performativ inszeniert. Sie bestehen aus einer Anzahl einzelner, voneinander abgegrenzter Kulturpraktiken und sind in der Regel gut vorbereitet. Durch soziale Interaktionen kommen sie häufig zur öffentlichen Aufführung. Ihre Dramaturgie entspricht dabei gemanagten, eingeübten Verhaltensaufstellungen. Die mediale Inszenierung von Riten, Ritualen und Zeremonien vor öffentlichem Publikum ermöglicht unkomplizierte Forschungszugänge mit minimalem Aufwand (Vgl. Trice, H., M., Beyer, J., M., 1984, S. 655f). Riten setzen sich aus einzelnen unterschiedlichen Kulturelementen zusammen, während Zeremonien als Systeme von Riten oder formal inszenierte Handlungen zu interpretieren sind. Sie stehen im Kontext eines Ereignisses „wie eine Religion" und teilen die Welt oft in ein „wir" und die „anderen" ein (Vgl. Grimes, R., 1998, S. 126). Rituale können aus historisch-anthropologischer Perspektive als symbolisch kodierte Körperprozesse verstanden werden, die soziale Realitäten erzeugen, interpretieren, erhalten und verändern. Sie lassen sich insofern als symbolische Inszenierungen begreifen. Durch Körperbewegungen vollzogen erzeugen sie dadurch Emotionen, die wieder zu Veränderungen der rituellen Akte führen. Auf diese Weise entsteht das konstruktive soziale Potential von Ritualen (Vgl. Wulf, Ch., 1998, S. 251). Zu den mimetisch-performativen Darstellungsmedien von Riten, Ritualen und Zeremonien gehören neben der Sprache vor allem Gestik, ritualisiertes Verhalten, Artefakte, Symbole, Mythen, Sagen und Legenden. Alle drei Kulturformen bieten einen sinnvollen interdisziplinären Einstieg zur qualitativen Untersuchung von Organisationskulturen, gelten aber keinesfalls als Generalschlüssel für ihren komplexen Bedeutungsgehalt.

In der kulturanthropologischen Forschung von Riten, Ritualen und Zeremonien lassen sich drei Schwerpunkte erkennen: Beim ersten stand der Zusammenhang mit Religion, Mythos und Kultus im Vordergrund (Müller, Spencer, Frazer, Otto). Der zweite betonte die Analyse von Werten und Strukturen der Gesellschaft. Dabei wurde der Funktionszusammenhang dieser Kulturpraktiken mit der Gesellschaftsstruktur untersucht (de Coulanges, Durkheim). Der dritte Schwerpunkt verstand Riten, Rituale und Zeremonien als Texte. Ziel war die Entschlüsselung der kulturellen und sozialen Dynamik der Gesellschaft. Der Fokus richtete sich hier auf die Bedeutung dieser Kulturpraktiken für Symbolisierungen und soziale Kommunikation (Turner, Geertz, Salins). Das textanaloge Lesen von Riten, Ritualen und Zeremonien impliziert ebenfalls Phänomene sozialer Mimesis. Daher werden sie als körperliche, sinnliche wie imaginäre Inszenierungen sozialer Verhältnisse angesehen und als wichtiger Forschungsbereich historischer Anthropologie betrachtet (Vgl. Wulf, Ch., 1997, S. 1030).

In wirtschaftswissenschaftlichen Kontexten manifestieren sich in Riten, Ritualen wie Zeremonien Bräuche und Gewohnheiten, die als eine Art Kult zu festgelegten Zeiten an bestimmten Orten mit speziellen Rollenbesetzungen in Organisationen bzw. Unternehmen stattfinden. Durch Symbolisierungen werden soziale Beziehungen ausgedrückt bzw. definiert. Riten und Rituale bestätigen vorherrschende Machtstrukturen. Sie stabilisieren die grundlegenden Werthaltungen und Normen.

Typische Riten und Rituale in Unternehmen sind Wettbewerbe, Auszeichnungen, Einführungsseminare sowie Entscheidungsfindungsprozesse. Zeremonien dagegen werden zu ausgewählten Anlässen aufgeführt, um über die Ansprache der Gefühle die Identifikation der Mitarbeiter/Innen mit der Organisationskultur zu erhöhen. Veranstaltungen mit zeremoniellem

Charakter sind u. a. Weihnachts- und Gründungsfeiern, Betriebsfeste, Mitarbeiter- und Jahrestreffen, Weiterbildungseinheiten mit besonderem Anlass, Beförderungen, Kongresse, Pensionierung sowie Feste anlässlich herausragender Erfolge. Zeremonien erzeugen ein positives inneres Bild zur Organisation, zur Arbeitskultur oder zu bestimmten Situationen (Vgl. Zulauf, S., 1994, S. 55).

Soziale Konsequenzen von Riten, Ritualen und Zeremonien lassen sich beispielhaft anhand von Personaleinstellungsverfahren in Organisationen darstellen:

1. Technische Konsequenzen
manifest: Bewerberbegutachtungen zur Auswahl der qualifiziertesten Kandidaten/Innen
latent: Kennenlernen anderer Arbeitsweisen, wobei die „relativen Prioritäten" der Vorstellung entschieden, kommuniziert und bestätigt sind.

2. Expressive Konsequenzen
manifest: Heraushebung der sozialen Identität der erfolgreichen Kandidaten/Innen
latent: Prestigeerhöhung der professionellsten Rolle und Motivation anderer Bewerber/Innen zur Leistungssteigerung

Bei der interdisziplinären Erforschung von Riten und Ritualen werden zentrale Erscheinungsformen unterschieden. Wie alle Typologien dienen sie dem wissenschaftlichen Vergleich, der Messung und Erfassung von generellen Kategorien eines Systems.

Übergangsriten und -rituale als „Rites of Passage":
Sie erleichtern grundsätzlich Schwellensituationen, sozialen Wandel, Rollen- bzw. Statusübernahme und begründen ein Gleichgewicht von sozialen Beziehungen. In der Regel bestehen sie aus drei Phasen der Transformation – der Loslösung, Umwandlung und Integration – (Grundausbildung der Armee). Turner hat in diesem Zusammenhang auf die Bedeutung des Begriffs der „Liminalität" hingewiesen. Er umfasst die Unbestimmtheit und Ambiguität von sozialen und kulturellen Übergängen (Vgl. Turner, V.,W., 1998, S. 251).

Erniedrigungsriten und – rituale als „Rites of Degradation":
Persönliche Probleme von Mitarbeiter/Innen werden in Details als öffentliches Wissen diskutiert und inszeniert. Dadurch sind einzelne ausgegrenzt sowie Gruppenzugehörigkeiten wie -grenzen neu definiert. Als Konsequenz erfolgt die Auflösung von sozialen Identitäten und von Macht (Entlassung und Einstellung von Führungskräften).

Erhöhungsriten und -rituale als „Rites of Enhancement":
Die Verkündigung positiver Nachrichten – wie z. B. die offizielle Anerkennung sehr guter Leistungen – findet in feierlichen Zeremonien statt. In
diesen mimetisch-performativen Aufführungen werden „Leistungsideolo-
gien" verbreitet bzw. soziale Rollen festgeschrieben. Es erfolgt eine Erhöhung persönlicher Identitäten und ihrer Macht (Incentives).

Erneuerungsriten und -rituale als „Rites of Renewal":
In Konfliktsituationen von Organisationen erfolgt eine Rückmeldung
über die vermeintliche Problembearbeitung. So werden Ursachen ver-
schleiert oder tatsächliche Probleme verdrängt. Die soziale Struktur wird
„aufpoliert" und die Führung bzw. Autorität des Systems legitimiert (Maßnahmen der Organisationsentwicklung).

*Riten und Rituale zur Konfliktbewältigung als „Rites of Conflict
Reduction":*
Ihr Ziel ist, Konflikte und Aggressionen zu vermindern. Als Ablen-
kungsstrategie von tatsächlichen Problemlösungen werden Konflikte und
ihre zerreißenden Effekte „aufgefächert". Auf diese Weise wird ein soziales Gleichgewicht wieder hergestellt (Kollektives Bargaining).

Integrationsriten und -rituale als „Rites of Integration":
Die zeitweilige emotionale Abreaktion und Lockerung einzelner Normen kann „Zündstoff" aus Konflikten nehmen sowie starre Positionen auf-
lösen. Die anschließende Wiederherstellung und Bekräftigung der Moral ist
eine Möglichkeit, Gegensätze zu überwinden. Durch eine Wiederbelebung
gemeinsamer Gefühle können Mitglieder an die Organisation gebunden
werden (Weihnachtsfeiern) (Vgl. hierzu Trice, H., M., Beyer, J., M., 1984,
S. 657ff).

Riten, Rituale und Zeremonien in Organisationen sind kollektive Inszenierungen, die in symbolisch hochverdichteter Form bedeutsame Kultur-
charakteristika transportieren. Daher zählen sie zu den stabilisierenden Ereignissen in Organisationskulturen (Vgl. Helmers, S., 1993, S. 153). Durch
ihr szenisches Arrangement werden verbindende Gemeinsamkeiten so aufeinander bezogen, dass sich ein Selbst-, Welt- und Wir-Gefühl ausdrücken
kann. Es fordert zur Mimesis geradezu auf. Im gemeinsamen Vollzug der
Kulturpraktiken liegt eine sinnlich körperliche „Ansteckung", die zur Zu-
rücknahme von individuellem Verhalten führen kann.

Die folgenden Beispiele heben die symbolische Wirkung von Zeremonien, Riten und Ritualen besonders hervor:

So inszenierte Coca-Cola anlässlich des 25jährigen Jubiläums im Jahr 1954 während der Konzessionärsversammlung die „sakrale Verkündigung" einer riesigen Colaflasche. Diese entsprach damals von ihrer äußeren Formgebung den „weiblichen Rundungen einer Frau". Nach musikalischer Eröffnung wurde die Bühne für eine magisch aufglühende Flasche freigegeben. Sie sprach mit dunkel sympathischer Stimme:

> „Ich bin nicht nur aus Glas und Inhalt, nicht tote Materie, für Euch bin ich sprudelndes Leben und prickelnde Lebendigkeit. Ihr habt mich zu einem königlichen Symbol erhöht, ich bin der Inbegriff Eurer Arbeit, für Euch aufstrahlender Mittelpunkt, Ihr habt Euch einträchtig und frohgestimmt um mich geschart, ich bin das Herz und die Seele Eures aufblühenden Geschäfts. Ich war, ich bin und will in alle Zukunft sein ... ich bin Coca Cola, lebendiges Leben, schöpferischer Geist ... durch menschliche Kraft wurde ich zu einem der bekanntesten Warenzeichen auf dieser Welt ...." (Fritz, H., 1980, zitiert nach Zulauf, S., 1994, S. 56).

Diese „Verherrlichungszeremonie" spricht direkt eine imaginäre, sinnliche Wahrnehmungsebene an und wirkt unbewusst auf das intellektuelle Denken. Kaum jemand kann sich dem entziehen.

Ein plakatives Beispiel für „Rites of Enhancement" in der Organisationswelt stellen die „Mary-Kay-Seminare" einer amerikanischen Kosmetikfirma – der Mary Kay Company – dar. Auf Personalveranstaltungen in Seminarform werden an Führungskräfte offiziell Preise und Titel verliehen. Zu Firmengeschenken zählen Schmuck, Gold- und Diamantennadeln, die das Symbol einer Biene tragen. Pelzstohlen und Pink farbene Cadillacs – die Firmengründerin fährt einen – gelten als höchste Auszeichnungen. Die Preisverleihungen finden auf einer Bühne vor einem Auditorium und großem Publikum in feierlichem Rahmen statt, die an „Miss-Wahlen" erinnern. Abendgarderobe ist üblich. Diese eindrucksvolle „Ehrung" von Mitarbeiterinnen wird durch den Mythos der „Mary Kay-Sage" unterstrichen. Er enthält die Geschichte der Firmengründerin, die sich aufgrund persönlicher Entschlusskraft und ihres Optimismus` selbst zu helfen wusste. Nachdem ihr Ehemann sie und ihre Kinder verließ, baute sie die Kosmetikfirma erfolgreich auf. Das Symbol der Biene auf goldenen Anstecknadeln steht für ihre Ideologie, jeder könne seine Flügel finden und fliegen (Vgl. Trice, H., M., Beyer, J., M., 1984, S. 660f). Riten, Rituale und Zeremonien begründen durch solche fließenden Erlebnisse das Zusammengehörigkeitsgefühl in Organisationskulturen. Sie vermitteln den Handelnden Sinn und innere Befriedigung (Vgl. Wulf, Ch.,1997, S. 1035).

4.3 Personalentwicklung und berufliche Weiterbildung als performative Enkulturation

Der Arbeitsalltag in Organisationen und Unternehmen zeichnet sich in vielen Fällen neben routiniertem Handeln durch Improvisationen aus. Vor allem betriebliche Veränderungsprozesse, komplexe Aufgabenstellungen und Konfliktsituationen mit Kollegen, Vorgesetzten wie Kunden lassen den Arbeitsplatz häufig als „Schaubühne" für kreative Verhaltensspielarten erscheinen. Dabei kann das wirkliche Arbeitsleben zum sozialen Drama, Kabarett, Komödie, Kriminalstück bzw. Kinofilm werden. Denn in jeder Rolle, die dem Individuum in der Organisation zugewiesen und ermöglicht wird, spiegelt sich das jeweilige Menschenbild wieder, sei es nun individualistisch oder kollektivistisch (Vgl. Brandstätter, H., 1995, S. 213). Gerade in den gegenwärtigen Zeiten gesellschaftlichen Wandels werden Mitarbeiter/Innen durch Umstrukturierungen aller Art sehr verunsichert. Hinzu kommt, dass traditionelle Verhaltensstandards in Organisationskulturen häufig keine Gültigkeit mehr besitzen. Durch die zunehmende Medialisierung, Präsentation und performative Inszenierung von kommunikativen Prozessen innerhalb der Arbeitswelt, ist besonders das implizite Wissenspotential und die persönliche Qualifikation der einzelnen Mitarbeiter/Innen gefragt. Auf diese neuen Herausforderungen reagieren viele mit dem Anspruch, langfristig an Personalentwicklungsmaßnahmen und Weiterbildungstrainings teilzunehmen. Dabei ist inhaltlich ein Trend zu verzeichnen, Lernerfahrungen in performativen Inszenierungen auch für die Praxis erproben zu können. Dadurch wird die emotionale Speicherung und Verankerung des Gelernten betont, um es anschließend bewusst zu analysieren und durch Reflexion in den Arbeitsalltag zu übertragen. Ein „Allerweltstraining" mit striktem Frontalunterricht kann den Transfer von handlungsorientierten Übungen in den beruflichen Alltag nur schwer auf einer sinnlichen Wahrnehmungsebene vermitteln. Es gilt daher nur noch in der kombinierten Anwendung eines „Methodenpakets" als erfolgsversprechend.

Auch viele Unternehmen haben längst im Rahmen des Human-Ressource-Managements auf diese Entwicklungen reagiert und setzen in praktischen Ansätzen der lernenden Organisation auf neue Personalentwicklungs- und Weiterbildungskulturen. Besonders das Harvard-Konzept hebt die Mitarbeiterpartizipation neben motivationalen Anreizsystemen, der Arbeitsstrukturierung und der Personalorganisation hervor (Vgl. Holling, H., Liepmann, D., 1995, S. 305). Insgesamt sind diese Tendenzen als Prozess zu verstehen, in dem sich neben fachlicher Qualifizierung echte Mitarbeiterbeteiligung als Vertrauen in deren emotionale und soziale Kompetenz (Brödel) ausdrückt.

Eine performative Enkulturation von Mitarbeiter/Innen wird demnach in erster Linie von der Unternehmensstrategie des Managements einer Organisation und von dem eigenen Bildungsanspruch des Personals beeinflusst. Zum einen umfasst sie also die liminalen Schwellenzustände, in denen Mitarbeiter/Innen geplant und ungeplant rituelle Handlungsmuster der Arbeitswelt selbst inszenieren, sie durch soziale Mimesis abbilden und in ihr Verhaltensrepertoire übernehmen. Durch die Internalisierung und Reflexion der kulturell „aufgeführten" Organisationswirklichkeit entstehen im Austausch mit der Außenwelt wieder neue Handlungsinszenierungen. Diese Übergangsphasen einer performativen Enkulturation lassen sich mit den sechs zentralen Aspekten von Schreyögg zur Unternehmenskultur, dem Drei-Ebenen-Modell von Schein und der Typologie von Deal/Kennedy verbinden. Personalentwicklung und berufliche Weiterbildung bieten daher eine institutionalisierte „Probebühne des Performativen" oder ein abgeschirmtes „Experimentierfeld des Performativen", um spezifische Kulturelemente und -techniken von Organisationen szenisch einzuüben. Denn bei der Persönlichkeits- und Kulturentwicklung in Organisationen spielt das erfahrungsorientierte Lernen eine besondere Rolle (Vgl. Marre, R., 1997, S. 128). Darüberhinaus dienen Personalentwicklung und berufliche Weiterbildung dazu, dass Mitarbeiter/Innen im Rahmen von Bildungsmaßnahmen (Holling, Liepmann) und Seminaren mit ihren Handlungen experimentieren, sich selbst präsentieren (Siebert, Knoll) und durch mimetisch-performative Prozesse in das „kulturelle Schauspiel" eines Unternehmens integrieren.

Zum anderen vollzieht sich die performative Enkulturation von Mitarbeiter/Innen durch die Art und Weise, wie organisationsspezifisches Verhalten in rituellen Aufführungen mehr oder weniger bewusst vorgelebt wird. An diesem Prozess sind das Personal der gesamten Organisation, Führungskräfte, einschließlich der Geschäftsleitung, beteiligt. Daher ist nochmals auf den strategischen Unternehmenskulturansatz von Bleicher hinzuweisen, der den zirkulären Beziehungskontext von Strategien und Kulturen besonders betont. Phantasien, innere Bilder, Vorstellungen und strategische Visionen über spezifisches Führungsverhalten, Konfliktmechanismen, Umgangsformen, bevorzugte Arbeitstechniken und bestimmte Leistungsanforderungen entwickeln und manifestieren sich durch mimetische Prozesse. Nach Bourdieu orientieren sich Mitarbeiter/Innen in ihrer organisationskulturellen Praxis mit Hilfe ihres Habitus, einem Satz erlernter, einverleibter Wahrnehmungs- und Kompetenzschemata, die weitgehend kollektiv vorgeformt werden (Schlutz, E., 1999, S. 217). So sind organisationskulturelle Handlungsanforderungen und Verhaltenserwartungen durch inszenierte Mythen, Geschichten und Zeremonien für Mitarbeiter/Innen lebendig erfahrbar. Im gemeinsamen kulturellen Vollzug auf sinnlich-körperlicher Ebene werden sie ihrer teilhaftig. Die Organisation bzw. das Unternehmen ist aus diesem Blickwinkel des Performativen als authentisches „Bühnenspiel" zu erleben, in dem das praktizierte Handlungsrepertoire als Arbeitswirklichkeit in den vielfältigen Personalentwicklungsinterventionen (Weinert) performativ präsentiert und „vorgespielt" wird. So ist bereits eine Vorauswahl dieses kulturellen wie fachlichen „Handwerkszeugs" einer Organisation für die Weiterbildungsangebote dramaturgisch aufbereitet und wird mit den unterschiedlichsten Darstellungsmethoden in den Seminaren szenisch an die Mitarbeiter/Innen herangetragen.

In diesen performativen Prozessen spielen aus historisch-anthropologischer Perspektive Gesten als wichtigste menschliche Ausdrucks- und Darstellungsformen eine bedeutende Rolle. Organisationen verlangen den Gebrauch von bestimmten Gesten und sanktionieren deren Vernachlässigung. Durch ihre Einforderung werden Machtansprüche an die Außenwelt, aber besonders auch in der internen Organisationskultur durchgesetzt. Zu diesen Ausdrucksformen gehören u. a. Gesten der Demut (Kirche), der Achtung (Justiz), der Rücksichtnahme (Krankenhaus), der Vorsorge (Versicherung und Banken) und der Bittstellung (Behörden). Das Ausbleiben der Gesten wird als Kritik an ihrer Legitimität empfunden. In der Personalentwicklung und beruflichen Weiterbildung ist es daher besonders wichtig, die performative Inszenierung spezifischer Gesten mimetisch zu erfassen. Erst dann können sie gelesen, entschlüsselt und reflektiert werden. Organisationen inszenieren ihr fachliches, soziales und kulturelles Leben. Für die Enkulturation von Mitarbeiter/Innen werden Ausschnitte daraus in Bildungsveranstaltungen choreographisch aufgeführt, damit es in mimetisch-performativen Prozessen erlernt und im Sinne von Vorführungen „abgefragt" werden kann. Dabei handelt es sich bei Gesten um zentrales praktisches Wissen, das mithilfe von Analyse, Sprache und Denken nicht erworben werden kann. Die sinnlich-körperliche Übernahme vorgeformter Gesten eröffnet Mitarbeiter/innen ein hohes Maß an gestalterischer Freiheit. In diesem kulturellen Freiheitsspielraum liegen kreative Chancen zur allmählichen bewussten/unbewussten Veränderung von gestischen Ausdrucks- und Darstellungsformen in Organisationskulturen (Vgl. Wulf, Ch., 1998, S. 251).

Die Praxis der Personalentwicklung und beruflichen Weiterbildung bietet viele Beispiele zur Betrachtung performativer Enkulturationsprozesse in Organisationen. In den folgenden Abschnitten werden einzelne Bereiche – von der Kultivierung der Persönlichkeit in szenisch strukturierten Bildungsangeboten bis zu ihrer „Aufführung" – vorgestellt und analysiert.

4.3.1 Von der „zivilisierten" Plastizität zur Kultivierung der Persönlichkeit – Aufgaben und innere Logik von Bildungsprogrammen

Die innovative Kraft des Bildes vom unfertigen Menschen liegt nach Plessner und Gehlen in seiner Plastizität und Bildsamkeit begründet. Diese zeigen sich im Prozess der Kultivierung menschlichen Lebens, in dem der Mensch zugleich als Schöpfer und Geschöpf auftritt. Sein Streben nach Vervollkommnung bleibt dabei immer an den Zustand des empfundenen Mangels und die menschliche Unverbesserlichkeit gebunden. Aus der Differenz zwischen der Unfertigkeit und Perfektion resultiert die Notwendigkeit zur Bildung – im Rahmen dieser Arbeit auch zur Personalentwicklung/ beruflichen Weiterbildung. Wie eine solche Diskrepanz im Prozess der Zivilisierung, Kultivierung und Disziplinierung gestaltet ist, hängt von räumlichen wie zeitlichen Voraussetzungen ab. Darüber hinaus sind individuelle Anlagen, Umweltbedingungen, kulturelle Ansprüche und Orientierungen sehr bedeutsam (Vgl. Wulf, Ch., 2001, S. 18f).

Auf dieser anthropologischen Tatsache beruhen auch die Entwicklungsprozesse von Organisationskulturen mit ihren internen Bildungsprogrammen. Wie in der theoretischen Orientierung dargestellt, sind die Kulturen von Institutionen und Unternehmen als „Miniaturbilder" übergeordneter Kultursysteme zu verstehen. Sie stellen ein Subsystem in der gesellschaftlichen Kultur dar. Mitarbeiter/Innen treten also aufgrund ihrer individuellen biographischen Entwicklung mit einer „zivilisierten Plastizität" in Organisationen als Subkultur ein. Sie haben zuvor gesellschaftliche Sozialisationsinstanzen durchlaufen, entstammen verschiedenen kulturellen Milieus und sind in bestimmte Lebenswelten, Lebenszyklen wie Lebensstile eingebunden. Demnach verfügen sie neben formalen Bildungsabschlüssen über unterschiedliches „biographisches Wissen" und vielfältige „lebensgeschichtliche Erfahrungen" (Vgl. Kaltschmid, J., 1999, S. 113). Vor dem Hintergrund individueller Lebensumstände und Lebensläufe sind sie daher in hohem Maße gesellschaftlich „zivilisiert" worden, bevor sie mit relativer „Plastizität" dem speziellen Kulturkreis eines Unternehmens als Mitglied beitreten. Um in dem neuen organisationsspezifischen Kontext auf der Basis individuell erworbener Qualifikationen effektiv und erfolgreich handeln zu können, ist eine „Kultivierung" der Mitarbeiter/Innen im Sinne der vorherrschenden systemischen Anforderungen der Organisation erforderlich. Dazu bedarf es einer gezielten Personalentwicklung und beruflichen Weiterbildung. Die Aufgaben und innere Logik ihrer Bildungsprogramme sind daher genau auf den Erwerb der Kulturtechniken und persönlichen Kompetenzen bezogen, die implizit die subkulturellen Bedürfnisse der Organisation oder des Unternehmens erfüllen. Der eigentliche „organisationelle Kultivierungsprozess" erfolgt mit Blick auf das vorherige Kapitel im Rahmen der Enkulturation als wechselseitiger Austausch zwischen Individuum und Organisation. In diesem Zusammenhang weisen Antal, Dierkes und Helmers auf den bisher unerforschten Aspekt von Organisationskulturen hin, wie sich individuell erlebte, kulturelle Kontexte in der Herausbildung von Werten, Verhaltensweisen und Zielvorstellungen gegenseitig beeinflussen und welche Konsequenzen diese Mehrfachbelegungen für Organisationen haben (Vgl. Antal, A., B., Dierkes, M., Helmers, S, 1993, S. 207).

In den Bildungsprogrammen der Personalentwicklung und beruflichen Weiterbildung von Unternehmen lassen sich zahlreiche Elemente zur „Kultivierung der Persönlichkeit" von Mitarbeiter/Innen finden. Als Beispiel soll im folgenden ein Ausschnitt aus dem Bildungsprogramm einer deutschen Versicherungsgesellschaft vorgestellt und dessen kulturelle Spezifika analysiert werden.

1. Kundenorientierung
Dienstleistung und Servicequalität:
– Beschwerdemanagement, Schriftwechseltraining, Kundenorientierter Schriftwechsel,
– Unterstützung der Textberater
Lehren und Lernen:
– Referententraining, Workshop für Referenten, Coaching, Projektmanagement, CBT
Kommunikation:
– Seminar für junge Mitarbeiter
– Gesprächs- und Verhandlungsführung
Angebote für Ausbilder:
– Coaching der Erstausbildungsreferenten
– Ausbilder Workshop

2. Personalentwicklung
Führungskräftenachwuchs – Mitarbeiter/Innen mit Führungspotential
Das Personalentwicklungskonzept mit fünf Bausteinen:
– PE – Komponente 1: Förderkreis mit Patenschaft eines persönlichen Mentors
– PE – Komponente 2: Workshop Standortbestimmung zur Unterstützung beruflicher Pläne
– PE – Komponente 3: Seminare (Kommunikation, Führung I, Führung II)
– PE – Komponente 4: Individuelle Förderung (Feed Back, Hospitation, Zwischenbilanz)
– PE – Komponente 5: Personalentwicklungsseminar

	(Rückmeldung über individuelle Stärken und Schwächen, Empfehlung für die weitere berufliche Entwicklung)
Förderkreis:	Rollenspiele zum Führungsverhalten

Für die einzelnen Leitungsbereiche sieht das Bildungsprogramm Prozessbegleitungen, Gesprächs- und Verhandlungstrainings, Abteilungs- und Führungsworkshops, Klausurtagungen, Teamentwicklung/Teamfindung, Telefontraining und -coaching vor. Im Rahmen eines firmeninternen Management-Instituts wird ein Arbeitskreis Führung angeboten. Seminare zu Themen, wie Konfliktbearbeitung, Zielvereinbarung und Beurteilung, Führen in Veränderungsprozessen, Planspiele, Leitung von Teamsitzungen, Visualisierung, Präsentation u. a. gehören ebenfalls dazu. Darüber hinaus bestehen über das Bildungsprogramm außerbetriebliche Weiterbildungsmöglichkeiten. Seminare zur individuellen Datenverarbeitung beziehen sich im wesentlichen auf die gängigen Standardprodukte (Vgl. Allianz Versicherungs AG/ZN Berlin, Bildungsprogramm 2002).

Kundenorientierung und Führungskräfteentwicklung bilden zentrale Schwerpunkte in diesem Bildungsprogramm. Daher hat neben der fachlichen Qualifikation die gezielte Ausbildung kommunikativer und interaktiver Persönlichkeitskompetenzen der Mitarbeiter/Innen einen hohen Stellenwert. Ein strategisch diversifizierter Versicherungskonzern versteht sich heute als komplexes Dienstleistungsunternehmen im internationalen Wettbewerb. Es wirbt in direktem privatwirtschaftlichem Kundenkontakt und im Firmengeschäft um das Vertrauen von Menschen, um mit ihnen finanzielle Vorsorgeleistungen auf vielfältiger Produktbasis vertraglich abzuschließen. Es geht also häufig um einen sehr hohen finanziellen Transfer und eine möglichst dauerhafte Kundenbindung. In diesem Zusammenhang erhält die zwischenmenschliche Ebene ein ganz besonderes Gewicht. Es zeigt sich im Angebot von Beschwerde- und Telefontrainings, Verhandlungs- und Konfliktseminaren bis zur stufenartigen Ausbildung von Führungskompetenzen, die in intensiven, individuell abgestimmten Beratungsprozessen begleitet werden. Dabei geht es im Kultivierungsprozess der Mitarbeiter/Innen für den Versicherungskonzern um das Erlernen ihrer Gesten, wie Vertrauen, Freundlichkeit, Sicherheit, Schutz, Verantwortung, Zuverlässigkeit, Seriösität, Diskretion, Können und Erfahrung. Die mimetisch-performative Einübung rituell inszenierter Verhandlungs- und Konfliktbearbeitungsmuster, die diese Gesten symbolisch übermitteln, sind ebenfalls Teil dieser Trainings. Sie bieten auch den Situationsrahmen, in dem der „Hand- und Werkzeuggebrauch" des zwischenmenschlichen Versicherungsgeschäfts auf einer sprachlichen Ebene symbolisch ergriffen und einverleibt wird (Vgl. Gebauer, G., 1998, S. 272).

Bildungsveranstaltungen stellen also zugleich Werkstatt, Forum und Bühne für die vielfältigen Ausdrucksmöglichkeiten der unternehmensspezifischen Gesten dar:

„– eine „Werkstatt", die Eigentätigkeit, Erfahrung vollständigerer Arbeitsformen sowie Sinneswahrnehmung und Erfahrungsfähigkeit überhaupt fördern kann;

– eine „Bühne", wortwörtlich und im übertragenen Sinne, auf der der eigene Lebensstll mit dem anderer konfrontiert wird, und die Suche nach eigenwilligerem Ausdruck und „Expressivität" ermöglichen kann;

– ein „Forum", das Begegnung zunächst mit Fremden möglich und das Aushalten von Fremdheit sowie offene Auseinandersetzung und „Verständigung" (....) nötig macht" (Vgl. Schlutz, E., 1999, S. 225)

Damit sind Phantasie, innere Bilder und das Performative als implizite Wissensressourcen angesprochen. Sie ermöglichen szenische wie dramaturgische Experimente mit den unternehmensspezifischen Gesten. Mitarbeiter/Innen verfügen über zahlreiche Möglichkeiten, mit kulturellen Organisationssystemen einen bewusst kreativen Umgang zu pflegen und sich auf sinnlich-körperlicher Ebene mit praktischen Kulturformen auseinanderzusetzen. In einigen Unternehmen existieren bereits Future Circles bzw. Zukunft – Labors, die auf die Entwicklung von Visionen und innovativen Pfaden ausgerichtet sind. Mit den Circle-Techniken wird versucht, drohenden kulturellen Ermüdungserscheinungen vorzubeugen. Dabei hat sich eine permanente publizistische Begleitung durch Workshops und interne Veröffentlichungen als effektiv erwiesen (Vgl. Gerken, G., 1991, S. 96f). Viele Bildungsprogramme berücksichtigen in ihrer Struktur ein stufenweises Hineinwachsen in die Kultur einer Organisation. Das Weiterbildungsniveau wird in großen Unternehmen durch die Auswahl und Vielfältigkeit des Lernangebots bereichert. So können bei Bedarf Seminare niederlassungsübergreifend besucht und externe Trainer/Innen hinzugezogen werden. Darüberhinaus werden Bildungsprogramme nationalen wie internationalen Ansprüchen angeglichen. Auch sind für Auslandstätigkeiten spezielle Ausbildungswege vorgesehen.

Die „Kultivierung der Persönlichkeit" und „Beheimatung" von Mitarbeiter/Innen in ein Unternehmen bleibt dabei an die Dynamik der kulturellen Interaktion zwischen Organisation und Individuum gebunden. Aufgaben und innere Logik der Bildungsprogramme beschreiben demnach den spezifisch abgesteckten Rahmen, in dem eine kulturelle Integration von Mitarbeiter/Innen auf der Basis ihrer adaptiven Flexibilität möglich erscheint. In der Psychologie sind darunter Eigenschaften wie Optimismus, positives Denken und Offenheit zu verstehen, in der Anthropologie die menschliche Plastizität (Vgl. Baltes, P. B., 2001, S. 31).

4.3.2 Zur Bildsamkeit und Klassifikation von Personalentwicklungs- und Weiterbildungsmaßnahmen

Die Bildsamkeit von Mitarbeiter/Innen und die Klassifikation von Personalentwicklungs-/Weiterbildungsmaßnahmen in Organisationen stehen in einem wechselseitigen Verhältnis zueinander. Dabei meint Bildsamkeit im weitesten kulturwissenschaftlichen und anthropologischen Sinne der vorliegenden Arbeit die Lernfähigkeit und Lernbereitschaft des Menschen (Vgl. Lenzen, D., 1997, S. 33). Personalentwicklung und berufliche Weiterbildung umfassen aus erwachsenenpädagogischer, organisationspsychologischer Sicht alle planmäßigen person-, stellen- und arbeitsplatzbezogenen Maßnahmen zur Ausbildung, Erhaltung oder Wiedererlangung der beruflichen Qualifikation. Diese dienen dazu, die arbeitsbezogene Lernfähigkeit und Lernmotivation von Mitarbeiter/Innen immer wieder neu zur Entfaltung zu bringen. Dazu gehört neben einer fachlichen Förderung, die vorrangig Phänomene des impliziten Wissens berücksichtigen sollte, die Ausbildung von persönlichkeitsbezogenen Kompetenzen. Wie diese Prozesse im einzelnen strukturiert sein können und sich gegenseitig bedingen, wurde bereits im 2. Kapitel zu den Themen Personalentwicklung und Erwachsenenbildung/berufliche Weiterbildung analysiert.

Bei der Auswahl von Trainingsmaßnahmen für eine spezifische Situation sind viele verschiedene Faktoren zu beachten. So gelten neben Lernprinzipien didaktische Aspekte des Materials und der Information als wichtig für den Lernerfolg. Darüber hinaus werden die allgemeinen Zielsetzungen eines Trainingsprogramms als Grundlage für die Entscheidung angesehen, ob eine Bildungsmaßnahme für einen bestimmten Organisationsprozess geeignet erscheint. Gezielte Fragestellungen können daher bei der Wahl von Personalentwicklungstechniken hilfreich sein: Geht es in einem Training speziell um fachliche Fähigkeiten oder die Erweiterung des praktischen Könnens? Stehen generelle Informationen über die Organisation, deren Ziele und Prozesse im Zentrum einer Bildungsmaßnahme? Begründen Entscheidungsfindungsprozesse, Entscheidungsverhalten bzw. Problemlösung eine besondere Themenstellung in Seminaren? Werden beispielsweise Kommunikationsfähigkeit, Kreativität und Gruppenarbeit fokussiert, die sich auf Einstellungen, Teamfähigkeit und Motivationsprobleme beziehen (Vgl. Weinert, A., B., 1998, S. 714).

Im folgenden wird eine Klassifikation von Bildungsmaßnahmen nach zeitlicher und räumlicher Nähe zum Arbeitsplatz, nach Zielen, Zweck, Hauptanwendungsgebieten und Verfahren vorgestellt. Die Klassifikation enthält eine sinnvolle Struktur und einen klaren Überblick über die einzelnen Praxisbereiche.

Klassifikation der PE -Maßnahmen nach zeitlicher und räumlicher Nähe zum Arbeitsplatz:

1. PE „into the job"
   - berufliche Erstausbildung
   - Praktika
   - Einführung neuer Mitarbeiter
   - Trainee- Programme

2. PE „on-the-job"
   - Arbeitsunterweisung
   - Erfahrungslernen am Arbeitsplatz
   - Arbeitsplatzwechsel
   - Arbeitsstrukturierung
   - Unterstützende Gesprächsmethoden: Coaching, Fördergespräche, Führung durch Zielvereinbarung, MbO (Management by Objektives)

3. PE „near-the-job"
   - Qualitätszirkel
   - Lernstatt

4. PE „off-the-job"
   - interne/externe Seminare
   - Workshops
   - Assessment Center

5. Laufbahnbezogene PE
   - Karriereplanung

6. PE „out-of-the-job"
   - Pensionsvorbereitung
   - Outplacement

Klassifikation der PE-Maßnahmen nach Zielen:

1. Erhaltungsentwicklung
   Aufrechterhaltung der Leistungsfähigkeit
2. Anpassungsentwicklung
   Angleichung der Leistungsfähigkeit an veränderte Anforderungen
3. Aufstiegsentwicklung
   Vorbereitung auf höherwertige Aufgaben

Klassifikation der PE-Maßnahmen nach dem Zweck

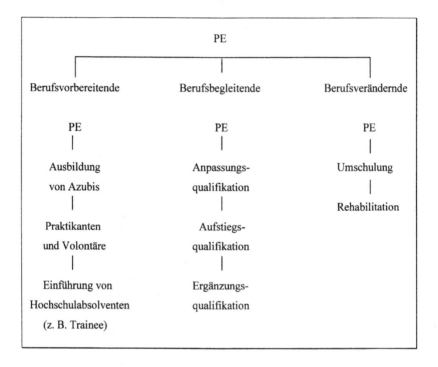

Klassifikation der PE-Maßnahmen nach Hauptanwendungsgebieten

1. *Weiterbildung*
   Direkte Qualifizierung über Bildungsmaßnahmen zur Feststellung, Erhaltung, Anpassung, Erweiterung und Wiedergewinnung der Kompetenzen

2. *Karriereplanung*
   Gezielte individuelle Planung des weiteren Berufsweges speziell durch externe und interne Weiterbildungsmaßnahmen

3. *Arbeitsstrukturierung*
   Gestaltung von Inhalt, Umfeld und Bedingungen der Arbeit

Klassifikation der PE-Maßnahmen nach Verfahren:

1. Verfahren zur Veränderung der beruflichen Kompetenz
   (Berufliche Aus- und Weiterbildung)

2. Verfahren zur Veränderung der beruflichen Anforderungen
   Veränderung von Organisations- und Arbeitsbedingungen im Anschluss
   an Weiterbildung zur Stabilisierung (z. B. Arbeitsstruktur und -eintei-
   lung)
3. Verfahren zur Steuerung der PE
   (Karriereplanung, Information über berufliche Chancen, Beratung, differenziertes Feedback über Leistung
4. Multiple Verfahren
   Mehrere Maßnahmen aus den Punkten 1–3 während eines Trainee-
   programms

Diese Kategorien von angewandten Maßnahmen der Personalentwicklung und beruflichen Weiterbildung setzen ebenfalls Personalplanung,
Auswahlverfahren sowie Förder-, Ernennungs- und Entwicklungsschritte
voraus. Ohne diese Prozesse könnten die einzelnen Maßnahmen keine
sinnvolle, effektive Anwendung finden. Dabei sind Trainings nicht mit Per-
sonalentwicklung/beruflicher Weiterbildung gleichzusetzen, sondern sie
gehören aufgrund ihrer system- und kulturbezogenen Lernimpulse vielmehr
zur Organisationsentwicklung und Unternehmenssicherung. Da sich die
„klassischen Varianten" der Personalentwicklung/beruflichen Weiterbildung längst zur „Persönlichkeitsentwicklung" gewandelt und sich die rein
ökonomischen Zielsetzungen des „Faktors Personal" als Trugschluss erwiesen haben, gilt das vorherrschende Wertesystem bzw. die gültige Unternehmenskultur als besonders einflussreich für die verwendeten Bil-
dungsverfahren und -instrumente. Diese Gedanken finden bisher vorwiegend in der Führungskräfteentwicklung ihren Niederschlag, greifen
aber bereits weit in zentrale Konzepte zur personellen Kompetenzentwicklung hinein (Vgl. Weinert, A., B., 1998, S. 718ff). Denn die lebenslange
Bildsamkeit des Menschen, die sich in allen Stufen menschlicher Individu-
alentwicklung zeigt, bezieht sich seit Gehlen auf die anthropologische Vorstellung einer „Nichtabgeschlossenheit" und eines „plastischen Charakters"
des Erwachsenen (Vgl. Stroß, A., M., 1997, S. 420). Diese Erkenntnis vom
„unstatischen Erwachsensein", um dessen Verwirklichung der Mensch
permanent zu ringen habe, wird in moderne Personalentwicklungs- und
Weiterbildungsmodelle zunehmend einbezogen. So ist die Spannbreite der
praktischen Vorgehensweisen in der Personalentwicklung/beruflichen Weiterbildung von Organisation zu Organisation sehr groß und ergibt kein einheitliches Bild. Verschiedene Modi von Bildungsmaßnahmen werden häufig im Rahmen von langfristigen, individuellen Entwicklungsprozessen an-
gesiedelt und über mehrere Stufen sowie viele Jahre angewandt. Dabei
kann nicht von einer mechanischen Praxis eines „Baukastensystems" ge-
sprochen werden. Vielmehr wird heute – von einer schlichten „Aufwärts-

beurteilung" bis zu detaillierten Konzepten einer Laufbahnplanung – eine an fachlichen, persönlichen und biographischen Voraussetzungen angelehnte individuelle Personalentwicklung/berufliche Weiterbildung als erfolgversprechend angesehen. Denn das Dilemma einer Klassifizierung von Bildungsmaßnahmen liegt darin, für eine Zukunft Ausbildung zu strukturieren, von der wir nicht wissen, welche detaillierten, beruflichen Qualifikationsanforderungen sie an die Menschen in den kommenden Jahrzehnten stellt (Vgl. Liepmann, D., Gilardi, R.,1993, S. 90). Aus der Einsicht in die komplexen, evolutionären Prozesse von Unternehmen und in die produktive Kraft der Bildsamkeit von Individuen ergeben sich vielerlei Konsequenzen für Personalentwicklungskonzepte. Als Fazit bleibt vor allem festzuhalten, dass permanente Selbstevaluation und Steuerung von Personalentwicklungs- und Weiterbildungsmaßnahmen erforderlich sind, um den Bedingungen von lernenden Organisationen gerecht zu werden.

4.3.3 Mimesis und Autopoiesis in Intentionen und Zielen von Trainingsveranstaltungen

Mimesis und Poiesis beziehen sich auf zwei sehr alte Begriffe aus der Geschichte der Philosophie und der Kunst. Beide umschreiben jeweils eine Art von Wirklichkeitserzeugung. Seit Platon und Aristoteles verweisen sie auf die anthropologische Hervorbringung (Poiesis) und die Wiederholung von Wirklichkeit (Mimesis). Die besondere Bedeutung der Mimesis für Gesellschaft, Bildung und Kultur wurde im 3. Kapitel behandelt. Aus heutiger Sicht können beide Ansätze auf zwei Wegen „Weltkonstitutionen" erschließen. Häufig als gegensätzliche Ideen verstanden, stimmen sie dennoch in dem konstruktiven Aspekt – der Produktion von realen und fiktiven Welten – überein. So scheint eine Annäherung an jede gegebene Welt, hier an die der Kultur-, Sozial- und Wirtschaftswissenschaften, durch das „Wie" ihrer jeweiligen Konstruktionen möglich.

Auch Differenzen lassen sich dadurch erklären, wie respektive Welten konstruiert sind:

– als autopoietisches System, das sich selbst ermöglicht und Elemente einer sicheren Organisation, Zirkularität, Selbstrefentialität und Autonomie enthält
– als mimetischer Prozess, der eine Weltproduktion in Relation zu einer anderen Welt und zu einer Welt von anderen umfasst
– als Erzählung oder Vortrag im Sinne von Poiesis, wobei das produziert wird, was sich im Kontext von temporären, mythischen Dimensionen zusammentragen lässt.

Historisch sind Mimesis und Poiesis eng an theologische wie philosophische Annahmen schöpferischer Macht angelehnt. Gegenwärtig stehen dagegen konstruktive Prozesse im Vordergrund, die zur Konstitution, zum Inhalt und Wandel von Welt führen. Dazu zählen Strukturen, innere Gesetzmäßigkeiten und Autonomie. Allen drei Weltansichten ist gemeinsam, dass sie menschliches Handeln nicht mit Regeln oder Entscheidungen gleichsetzen. Denn Individuen werden darin nicht „als bestimmten Maßstäben folgend" angesehen, sondern vielmehr als deren Produzenten. Die drei Konzepte haben daher zu neuen Theoremen des Wissens und der Realität geführt. Für den Mimesisbegriff sind Beziehungen zwischen Welten zentral. Menschliches Handeln steht demnach im Kontext von verschiedenen Relationen – der Reihenfolge, der Orientierung, des Modells und der Repräsentation. Dabei gilt keiner der Aspekte für sich allein. Poiesis hebt Welten als generierte Erzählungen hervor. Ihre Stärke liegt in der Alltagssprache, die sich herkömmlich als „Geschichte" identifizieren lässt. Ein überzeugendes Paradigma stellen Texte von Historikern dar. Bei nonverbalem Handeln zeigt sich der Begriff der Poiesis als unzureichend. Autopoiesis definiert die Welt als selbstregulierendes System. Dabei ist der Kontext eines Systems bedeutsamer als ihre Individuen, denn er ruft weitere Aktionen, Wahrnehmungs- und Redeformen, institutionelle Verbindungen sowie Wünsche hervor. Kontexte können Verwaltungen, legale Systeme sowie Arbeitsplätze sein. Grenzen treten trotz vieler Forschungen beim Nachdenken über Sinne, Körper und Soziales hervor. So ist Bourdieus Habituskonzept als gesellschaftliche Konstitution von persönlichen Haltungen, Zielen oder Vorlieben nur schwer mit Autopoiesis zu verbinden. Darüber hinaus gewichten Mimesis und Poiesis die Bedeutung von Individuen und Interaktionen unterschiedlich. Mimesis umschreibt Individuen als „soziale Agenten". Ihre Interaktionen repräsentieren Beziehungen zu anderen Welten. Autopoiesis sieht Individuen hingegen als „Organismen". Luhmann bezeichnet sie daher nicht als „Subjektive", sondern als „Adjektive" einer Gesellschaft, deren Interaktionen als „kognitiver Parallelismus" erscheinen (Vgl. Gebauer, G., Wulf, Ch., 1995, S. 9ff).

Die drei Modelle verweisen auf verschiedene Arten der Weltbetrachtung, historische Dimensionen sowie die wichtige Rolle von Weltkonstitution. Ihre impliziten Phänomene lassen sich auch an der „kleinen Organisationswelt" von Unternehmen nachweisen. So zeigen die Konzepte von Mimesis und Autopoiesis, dass Intentionen wie Ziele der Trainingsprogramme im Rahmen von Personalentwicklung und beruflicher Weiterbildung bestimmte Weltkonstitutionen oder Wirklichkeitserzeugungen von Organisationen repräsentieren. Sie bilden einzelne Elemente ihrer Kultursysteme mimetisch ab. Hinter Intentionen und Zielen von Bildungskonzep-

ten werden zentrale Unternehmensstrategien sichtbar, die tief in die Wei-
terbildung eingreifen. Die Mitarbeiter/Innen fungieren dabei als soziale
Agenten und Organismen. Ihre Interaktionen stehen im zirkulären Aus-
tausch mit anderen Kultursystemen, die sie gleichzeitig entsprechend der
Mimesistheorie repräsentieren. Je nach Betrachtung stehen dabei entweder
Mitarbeiter/Innen oder Kontext der Trainingsprogramme im Vordergrund.
Im autopoietischen Sinne dienen Personalentwicklung/berufliche Weiterbildung vorrangig der Selbsterhaltung des Organisationssystems. Nach der
Theorie der Poiesis ist eine historische Unternehmenswirklichkeit in Geschichten und Texten der Trainingsprogramme enthalten oder narrativ in
der Alltagskommunikation von Mitarbeiter/Innen lebendig. Aus Unterneh-
menssicht konzentrieren sich die Hauptziele und -intentionen auf folgende
vier Aspekte: Erhöhung von Wettbewerbsfähigkeit, Flexibilität, Motivation
und Sicherung eines qualifizierten Personalstamms. Eine optimale Perso-
nalausstattung erfolgt durch eine Bedarfs- und Potentialermittlung, der in-
ternen/externen Beschaffung, der Auswahl geeigneter Mitarbeiter/Innen,
den anforderungs- und eignungsgerechten Personaleinsatz und der Nach-
wuchsförderung. Erforderliche Qualifikationen können mit gezielter Aus-
und Weiterbildung sowie individueller Förderung erreicht werden. Kontinuität und Stabilität eines Unternehmens lassen sich durch langfristige Bindung des Personals, also durch die Verringerung ungewollter Fluktuation
erzielen. Daher sind aus dem Blickwinkel der Personalpolitik vor allem Zu-
friedenheit und Motivation bedeutend. Die Flexibilität eines Unternehmens
wird durch horizontale wie vertikale Disponibilität und Mobilität erzielt
(Vgl. Holling, H., Liepmann, D., 1995, S. 313). Nach Modellen der Mimesis und Autopoiesis stellen Ziele und Intentionen der Trainingsprogramme
daher ein Brenn- bzw. Fernglas für Unternehmenswirklichkeit dar. Sie erzeugen die Bildungswelten eines Unternehmens, wirken in die Kultur hinein und geben uns Einblick in Zukunftsvisionen.

4.3.4 „Lernwege" zwischen Komplexität und Individualität – zum Angebot von Weiterbildungsinhalten und -methoden

Berufliches Lernen ist heute kaum von Arbeitsprozessen zu trennen. Ein
Festhalten an institutionalisierten Lern- und Bildungsformen erschwert eine
angemessene Einschätzung der Dynamik und Komplexität betrieblichen
Bildungs- und Strukturwandels. In diesem Sinne ist in den Erziehungswissenschaften von einer „Entgrenzung des Pädagogischen und der Sozialisation" die Rede. Weiterbildungsinhalte und -methoden verbinden berufliche
Handlungskompetenz mit individueller Kompetenzentwicklung wie Selbstorganisation. Im Verständnis der vorliegenden Arbeit gehören dazu Phänomene des impliziten Wissens – des sinnlichen Wahrnehmungsvermö-

gens. Lernstrukturen sind folglich so zu gestalten, dass sie zwischen Komplexität und Individualiät Eigeninitiative, Kreativität (Phantasie, Bilder und Performativität) sowie Selbstregulation nicht nur zulassen, sondern als zentrale Steuerungsinstrumente nutzen. Aus der Delegation von Verantwortung und der Synergie von Aufgabenfeldern entstehen lernende Organisationen (Vgl. Weiß, R., 1999, S. 304f). Auf dem Weg eines Leitbildes zum mündigen Menschen lässt sich hierzu folgendes Schaubild entwickeln:

Themenbereiche – Inhalte			
Fachkompetenzen ⇧	⇔ ⇒		**Persönlichkeits-** **entwicklung** ⇧
Technisch	**Methoden-**	**Soziale**	Belastbarkeit
Kaufmännisch	**kompetenz**	**Kompetenz**	Rollenfindung
Juristisch	⇧	⇧	Identität
Sprachen	Arbeitsorganisation	Kommunikation	Visionen
Naturwissenschaftlich	Zeitmanagement	Konfliktbewältigung	Zielfindung
Künstlerisch	Planungstechniken	Kooperation	Gesundheit
Literarisch	Kreativitätstechniken	Teamfähigkeit	
Produkte	Projektmanagement	Moderation	
Medizinisch	Entscheidungs-	Verhandeln	
etc.	findung	Verkaufen	
	Präsentation	Outfit	
	Visualisierung	Umgangsformen	

Die Umgestaltung klassischer Bildungskonzepte zu selbstgesteuerten Lernagenturen wird oft von Einwänden und Befürchtungen begleitet. Hohe Kosten, Arbeitsausfall, geringe Effektivität, Seminartourismus, Personalfluktuation und Unzufriedenheit wegen Überqualifikation dienen vordergründig als schlagkräftige Argumentation gegen Innovationen. Doch die Abwehr spiegelt eher den Zustand einer Geschlossenheit von Bildungsinstitutionen wieder. Weltoffenheit zuzulassen, bedeutet jedoch anthropologisch die Akzeptanz von widersprüchlichen Welten, die sich in komplexen Formen des menschlichen „Offen-Seins" und „des unspezifischen Charakters seiner Antriebe" zeigt (Vgl. Wulf, Ch., 2001, S. 17).

Moderne organisationspsychologische Konzepte versuchen diese Anforderungen zu berücksichtigen:

Trainings- und Qualifizierungsmethoden			
Sensumotorisches			**Handlungslernen**
Lernen			⇕
⇕	**Kognitives Lernen**	**Soziales Lernen**	Planspiele
4 Stufen-	⇕	⇕	Trainee-
Methode:	Heuristische Regeln	Modellernen	programme
Problematisieren	Planspiele	Verhaltenstraining	Selbstorg.
Informieren	Simulation	durch Rollenspiel	Lernen
Trainieren		und Feedback	
Transformieren		Teamentwicklung	
(PITT – Methode)		Gruppendynamik	
		Selbsterfahrung	
		Coaching, Supervision	

Die Graphiken zeigen einen wichtigen Querschnitt der komplexen Lerninhalte und -methoden. Einzelne Elemente daraus fließen in Seminaren sowie Workshops zusammen und verschmelzen zu einer Trainingseinheit. Dabei lassen individuelle Lernwege und -erfahrungen nicht immer eine klare Operationalisierung des Zusammenhangs von Lernerfolg, -inhalt oder -methode zu. Darüber hinaus können beide Schemata beliebig ergänzt werden. Eine Kategorisierung reicht von Arbeitstechniken über gestalterische, stofforientierte, meditative, kommunikative wie spielerische Verfahren. Zu diesen gehören ebenfalls Methoden zum Gruppenkontext und darbietendem Charakter. Sie alle können zwischen Anfang/Einstieg, Trainingsphase und Ergebnissicherung eines Trainings zum Tragen kommen. Holling/Liepmann heben die besondere Bedeutung von „Goal Setting" zur Motivationssteigerung, der Analyse von Methodenkombinationen und des Lernens am Modell hervor (Vgl. Holling, H., Liepmann, D., 1995, S. 313). Anthropologisch spielt in Weiterbildungstrainings die Nachahmung eine herausragende Rolle. Über sie entsteht Kontakt zwischen Subjekt und Außenwelt, der durch sinnliche Wahrnehmung vermittelt wird. Sie zeigt sich in der Ausdruckserwiderung, des Mitvollzugs von Bewegungen wie Handlungen sowie der Imitation des Erlebten. So schreibt Plessner: „Ihre Möglichkeit gründet in der unaufhebbaren Fernstellung des Menschen zu sich, welche in Verkleidung, Verstellung wie überhaupt in dem Grundzug seines Wesens: eine Rolle zu spielen, sich kundgibt. Auch und gerade die Nachahmung des Anderen kann die eigene Ursprünglichkeit bezeugen, wenn sie sich dieser Begrenzung bewusst bleibt" (Vgl. Plessner, H., 1998, S. 184). Der Mensch erschließt sich also auf persönlichen „Lernwegen" eine komplexe Welt, in dem er sich ihr „anschmiegt", sich ihr mimetisch anähnelt und in dem er sie in sich zur Entfaltung bringt (Vgl. Gebauer, G., Wulf, Ch., 1998). Beispiel einer methodisch zukunftsweisenden Welterschließung ist das Lern- und Kommunikationssystem eines Wirtschaftskonzerns. Mithilfe vernetzter PC-Technik können Azubis und Ausbilder/innen einen ständig aktualisierten Wissenspool nutzen. Die Azubis haben Zugriff auf CBT's, Videos, Texte, Fallstudien und Aufgaben. Dadurch sind ihre Lernmaterialien individuell kombinierbar. Zur Prüfungsvorbereitung können standortübergreifende Diskussionen und Projektgruppen initiiert werden. Ausbilder/innen bietet das intranetbasierte Lernforum Anregungen für Unterricht, Seminare oder andere Lehreinheiten. Alle Teilnehmer/Innen sind aufgefordert, in fortwährender Entwicklung das Lernforum durch eigene Materialien zu verbessern. Dieses Lernkonzept erhielt von der JDW (Junge Deutsche Wirtschaft) durch die Ministerin für Bildung und Forschung den „Ausbildungsoskar 2000 in Silber" (Vgl. Allianz Bildungswesen, 2001).

4.3.5 Gruppendynamik als performativer Erfahrungsraum

Kulturformen des lebenslangen Lernens können sich in verschiedenen Kontexten realisieren. In der Personalentwicklung/beruflichen Weiterbildung zählen vom virtuellen Lernforum bis zum Assessment Center sämtliche Einzel- und Gruppentrainings dazu. In dem Buch „Auf dem Wege nach Spitzenleistungen" (1984) weisen Peters/Waterman daraufhin, dass ihre Erforschung von effektiven, leistungsstarken Organisationen zu einem wichtigen Ergebnis geführt hat: Ihre Bausteine waren immer kleine Gruppen. Dabei kann es sich um formale, informale Gruppen oder Netzwerke handeln. Dies gilt bis heute als bedeutender Hinweis für Organisationsstrukturen der Zukunft (Vgl. Weinert, A., B., 1998, S. 348). Mit der Erkenntnis, dass „in der Gruppe das Potential liegt " war schon seit Lewin (1943, 1958) die psychologische Faszination verknüpft, in gruppendynamischen Prozessen Menschen beeinflussen und lenken zu können. Hinzu kam seit Ende 1970 die wirtschaftswissenschaftliche Entdeckung des Teamgeistes als „Produktionsfaktor" durch den Siegeszug der Mikroelektronik (Vgl. Bungard, W., Antoni, C., H., 1995, S. 379). Darüber hinaus wird der Gruppendynamik selbst eine enorme kreative Kraft des Performativen zugeschrieben. Sie zeigt sich in vielfältigen unvorhersehbaren Lern-, Arbeits- und Erfahrungsmöglichkeiten (Wulf, Ch., Zirfas, J., 2001, S. 340). Diese Aspekte eines szenisch dynamischen, performativen Aufführungscharakters von Gruppen und ihren Mitgliedern werden in Personalentwicklungsprozessen konkret erfahrbar. Zum einen inszenieren Trainer/Innen sich selbst und ihre Lerninhalte in der sozialen Rahmung von Seminaren. Durch praktische Vorführung und Anwendung von Materialien, eines „Methodenrepertoires" oder „gruppendynamischen Trickkoffers" werden performative Lernprozesse angeregt. Zum anderen präsentieren sich Teilnehmer/Innen in persönlich in Szene gesetzten „Auftritten" mit ihrem fachlichen Können. In Rollenspielen, Präsentationen, Videoinszenierungen und gruppendynamischen Übungen vollziehen sich durch körperliches Handeln rituelle Aufführungen vor Teilnehmer/Innen. Diese nehmen in mimetischen Prozessen – sie ereignen sich im Zusehen und Zuhören – die symbolisch inszenierten Gesten in ihre innere Vorstellungs-, Erinnerungs- und Erfahrungswelt auf. Während des Geschehens gleichen sich die Zuschauer/Innen den Darbietungen an, in dem sie Handlungen synchronisieren und einander ähnlich machen. Die Rollenspielaufführungen und Präsentationen werden also durch Einbeziehung der zuschauenden Teilnehmer/Innen erweitert. Verschmelzungen des eigenen kulturellen Wissens mit den performativ inszenierten Szenarien der Seminare lassen kollektive Handlungs- und Darstellungsmuster entstehen. Sie spiegeln die spezifische Seminarkultur von Unternehmen wieder. Bildungsmaßnahmen repräsentieren sich auf diese Weise als „gruppendynamischer Erfahrungsraum des Performativen". Er manifestiert sich in gemeinschaftsbildenen Prozessen und „performances" individueller Persönlichkeitsbilder. Dadurch werden in mimetisch-performativen Handlungsrahmen kulturelle Organisationswirklichkeiten zu Themen wie Kommunikation, Kooperation, Verhandlung, Führung, Leistung und Teambildung erzeugt und implementiert. Neben Unterschieden und Überraschungen zeigen sich während eines Trainings Gesetzmäßigkeiten, die mit ziemlicher Wahrscheinlichkeit auftreten und nachhaltig wirken. Dies trifft auf bestimmte, im Ablauf ähnliche Gruppenbildungen zu. Bekannt sind die vier Phasen des dynamischen Gruppenentwicklungsmodell von Tuckman (1965):

1. Phase: „forming"   – Anwärm- und Orientierungsphase
2. Phase: „storming"   – Kampf und Flucht
3. Phase: „norming"   – Strukturbildung, Aktivierung
4. Phase: „performing" – Arbeitsphase, Selbstregulation, Kooperation
(Vgl. Rosenstiel, v., L., 1995, S. 332).

Am Beispiel des „formings" dieses gruppendynamischen Modells lassen sich wichtige performative Handlungsintentionen verdeutlichen:

◻ TN orientieren sich vorwiegend an Trainer/Innen weniger an anderen Teilnehmern/Innen

◻ TN sind unsicher und erwarten von Trainer/innen Führung, Förderung, Anleitung, Erklärung und für Aufgaben und Ziele genaue Vorgaben, Hilfe und Unterstützung

Konstruktives:

D TN lernen sich kennen und entwickeln ein soziales Bedürfnis nach Kontakt zu anderen TN

Schwieriges:

TN zeigen Bedürfnis nach Dominanz, Unabhängigkeit und Geltung, die
D in der gegebenen Situation frustriert werden. Entstehung von Konflikten, denen oft zunächst ausgewichen wird, Gefahr der Fluchttendenz

Diese Phase bringt spezifische Begrüßungs- und Vorstellungsrituale hervor, die je nach kultureller Eigenart der Seminarform performativ inszeniert werden. Entsprechende gruppendynamische Kennlernübungen fordern zu bestimmten körperlichen Gesten der Begegnung und des Handelns auf, die symbolisch den „Geist und Stil" des Bildungsträgers verkörpern. Eine starke Hinwendung zu Trainer/innen in dieser Phase ist häufig mit performativ-inszenierten „Geständnissen" von inneren Erwartungshaltungen an sie verbunden, die in unserer modernen Therapiegesellschaft eher als selbstverständliche Offenbarung und nicht mehr als Zwang verstanden wird (Vgl. Althans, B., 2001, S.147). Daraus können sich gruppendynamisch performative Szenarios des sozialen Begehrens, des Wissens und des Bedürfnisses nach Macht entwickeln, die zur Phase des „stormings" überleiten.

Dieses Beispiel zeigt, dass sich Gruppendynamik in Weiterbildungsseminaren durch die rituelle Aufführungspraxis verschiedener performativer Handlungen vollzieht. Dabei entsteht für die Gruppenbildung ein Bedeutungsgefüge, in dessen Rahmen sich alle Szenen, Symbole, Körperbewegungen und Gesten aus dem kulturellen Gesamtarrangement der Weiterbildung erschließen lassen. Die rituellen Darstellungen sind Wiederholungen und Neuinszenierungen zugleich. Sie vermitteln und strukturieren eine sinnliche Qualität, die sich auf Körper und Psyche auswirkt (Vgl. Wulf, Ch., 2001, S. 331).

4.3.6 „Die Aufführung der Persönlichkeit" – zur Praxis der Personalentwicklung und beruflichen Weiterbildung

„Die Bretter, die beruflichen Erfolg bedeuten ..." sind in der Praxis eines betrieblichen Bildungswesens vor allem mit der Präsentation der eigenen Persönlichkeit in rituell inszenierten „Prüfungszeremonien" verbunden. Diese entsprechen in ihrem szenischen Arrangement häufig dem Charakter eines Bühnenschauspiels. Ein Beispiel hierfür stellt das Assessment Center dar. Dies ist eine Seminarveranstaltung, in der Teilnehmer/Innen hinsichtlich einer Vielzahl von Dimensionen von mehreren trainierten Beobachter/Innen gleichzeitig beurteilt werden. Die Gruppe durchläuft verschiedene

Übungen, die Arbeits- und Entscheidungssituationen der beruflichen Realität simulieren. Währenddessen führen die Teilnehmer/Innen in performativen Prozessen vor Beobachter/Innen als Zuschauer/Innen auf, wie sie entsprechend ihren persönlichen und beruflichen Kompetenzen diese simulierten Aufgaben konstruktiv bearbeiten bzw. lösen. Abschließend werden Einschätzungen des Beobachter/Innenteams mit dem Ziel gebündelt, Eignungsvoraussetzungen für bestimmte Aufgaben zu diagnostizieren und persönlichen Entwicklungsbedarf der Teilnehmer/Innen zu erkennen (Vgl. Hossiep, R., 1994, S. 89). Das Wort „assessment" steht im Englischen für Ausdrücke wie Einschätzung, Bewertung oder Bestimmung. Diese Übersetzung verweist auf den zentralen Beurteilungsaspekt des Assessment Centers, denn es dient der Verhaltenseinschätzung von Individuen und oft der Eignungsbestimmung für die Wahrnehmung von Führungsaufgaben. Daher haben die Begriffe „Beurteilungsseminar", „Entwicklungsseminar" oder „Leistungsprüfungsstand" eine synonyme Bedeutung. Das Assessment Center wird eingesetzt für:

- interne und externe Personalauswahl
- berufliche Entwicklungsplanung und Ausbildungsberatung
- Beurteilung und darauf aufbauend Potentialberatung
- Trainingsbedarfsanalyse, Teamentwicklung
  (Vgl. Ahlbrecht, B., Hillejahn, E., 1990, S. 89)

Die Seminarintendanz und -dramaturgie eines Assessment Centers beziehen sich vorwiegend auf performative Inszenierungen von Präsentationen, Fallstudien, gelenkte/führerlose Gruppendiskussionen, Rollenspiele, Führungs- und Konstruktionsübungen zu Kategorien wie soziale Fähigkeiten, systematisches Denken und Handeln, persönliche Arbeitstechniken, Arbeitsverhalten und innovative Kompetenzen der Teilnehmer/innen. Persönliche Darstellung, Auftreten, individuelles Aktivitätsniveau und „Motivationsgerüst" zählen ebenfalls zu den Verhaltenskriterien (Vgl. Jeserich, W., 1989, S. 192f).. Anhand von spezifisch standardisierten Beurteilungsdimensionen, die in einer Anforderungs-Aufgaben-Matrix den Übungen zugeordnet sind, werden die dargebotenen Leistungen der Teilnehmer/Innen eingeschätzt. Die Vielfalt dieser Verhaltensoperationalisierungen ist groß, wenn auch ihre Abbildpräzision häufig verschieden beurteilt wird (Vgl. Schuler, H., 1996, S. 125, Fisseni, H.-J., Fennekels, P., K., 1995, S. 174).

Bei vielen Assessment Centern kristallisieren sich vier Kernanforderungsdimensionen heraus, die je nach Unternehmen mit unterschiedlichen Begriffen besetzt werden:

- Planung und Organisation der eigenen Arbeit

- sozial-kommunikative Kompetenzen in zwischenmenschlichen Aktionen
- Selbstdarstellung in der Argumentationsstrategie, Beherrschung des verbalen und nonverbalen Ausdrucks
- Aktivitätspotential (Zielstrebigkeit, Belastbarkeit, Leistungs- und Führungsverhalten)

In der konkreten Anwendung des Verfahrens können diese Dimensionen unterschiedlich aufgefächert sein, je nach Zielstelle und Organisation. Dabei ist Zweck, diejenigen Teilnehmer/Innen zu identifizieren, die möglichst homogen in allen vier Kernbereichen gute Leistungen bringen (Vgl. Fisseni, H.-J., Fennekels, P., K., 1995, S. 51).

Historisch-anthropologisch lassen sich die Inszenierungen eines Assessment Centers mit Kulturkonzepten des Performativen und den soziologischen Interaktionsforschungen Goffmans verbinden. Denn mit der aktuellen Fokusverschiebung sozialwissenschaftlicher Forschung auf die Aufführungs- und Hervorbringungsaspekte sozialer Gemeinschaften – dem Performativen – erhält die Theorie Goffmans eine Renaissance. Für ihn führen sich soziale Gemeinschaften, wie Unternehmen und Organisationen, in Interaktionsgefügen auf. Dadurch entsteht eine Einheit sozialer und kultureller Handlungen. Diese Einheit kann aber auch in der Ausdifferenzierung von Verhaltensweisen begründet sein. In dem Begriffsfeld der Bühne, der Aufführung und Inszenierung, der Requisiten und Kulissen sowie der gesamten Theateranalogie liegt für das Assessment Center die metaphorische Kraft, implizite Phänomene – nämlich die Körperlichkeit, materiale Gebundenheit und schöpferische Inszenierung – zu erkennen. Inmitten des „Bühnenbildes" der extra hergerichteten Konferenzsäle eines Seminarhotels, der „persönlichen Fassade" der Kleidung und Erscheinung sowie dramaturgischer Techniken kommt es in dem sozialen Interaktionsgefüge mit allen Beteiligten zur „Aufführung der Persönlichkeit". Nach einem symbolischen „Vorhang auf" für eine rituell vorbereitete Übungseinheit bestehen nach Goffman für die Teilnehmer/Innen drei Inszenierungsmöglichkeiten einer Rolle: Aufrichtig, distanziert oder vorgetäuscht. In einer aufrichtigen Inszenierung zeigen sich die Teilnehmer/Innen intensiv von ihrer beruflichen Rolle erfasst. Sie sind ganz Gruppenleiter/In, Abteilungsleiter/In oder gehen als Bewerber/In frisch in der neuen Berufsrolle des erwünschten Unternehmens auf. Rollendistanz oder -täuschung kommen in allen zwischenmenschlichen Kontakten vor, da jeder Mensch die unterschiedlichsten Funktionen ausüben muss. Sie verweisen daher nicht auf den Ort der Distanz oder der Täuschung, sondern auf andere, ineinander verschränkte oder vernetzte Rollen. Diese mögliche Rollenwahl besteht ebenfalls für Beob-

achter/Innen und Moderatoren/Innen. Für Goffman zeigt sich die Glaub-
würdigkeit von rituellen Inszenierungen in dem gegenseitigen respektvol-
len Umgang während sozialer Interaktionen (Vgl. Bausch, C., 2001,
S. 203ff). Denn bezogen auf die Unternehmens- und Organisationswirklichkeit zeigt erst die soziale und kulturelle Akzeptanz dieses Verfahrens
innerhalb des Unternehmens, ob der „Spielplan" eines kostenintensiven
Assessment Centers den gewünschten Erfolg optimaler Personalauswahl
tatsächlich herbeiführt.

Für die Praxis der Personalentwicklung/beruflichen Weiterbildung liegt
eine besondere Bedeutung von performativen Inszenierungen der Persönlichkeit darin, unentdeckte Kreativitätspotentiale zu wecken, die für alle
Beteiligten bis dahin nicht sichtbar waren. Innere Bilder und Phantasien
eröffnen dabei eine ganzheitliche Sichtweise auf komplexe Phänomene der
Organisationswelt. Sie ermöglichen die lebendige, überzeugende Auseinandersetzung mit Arbeitssituationen.

5. Nachwort

Bildung, Forschung, mediale Vernetzung und wirtschaftliche Globalisierung führen den Menschen gegenwärtig in das Offene einer Wissens- und Weltgesellschaft. Anthropologisch gesehen zieht es ihn aus dem Bauch der Mutter, über Länder, Meere und den gesamten Globus ins Extraterrestrische. Dabei bleibt er seiner vertrauten, geschlossenen Geschichte verbunden, täte er es nicht, würde er sich entwurzeln. In anderer Richtung eröffnet sich dem Menschen auch der Mikrokosmos, in dem kleinste Elemente wie Nervenzellen und Gene offengelegt werden (Vgl. Schönpflug, W., 2001, S. 209). Dahinter verbirgt sich die uralte Sehnsucht des Menschen nach dem Anderen und zugleich der Suche nach sich selbst. In allen Jahrhunderten stellte der Bildungsbegriff die philosophische Frage nach der Bestimmung des Menschen, die für Rousseau „Mensch sein an sich" und „Mensch werden" bedeutete (Vgl. Benner, D., Brüggen, F., 1997, S. 774). In der Postmoderne erfahren wir diese bildungstheoretische Frage wieder neu und beantworten sie momentan mit der komplexen Pluralität eines „sowohl – als auch". Dieses „sowohl – als auch" symbolisiert einen offenen, flexiblen und prozesshaften Charakter der Bildsamkeit des Menschen, die von kritischen Potentialen bis zu ethischen Prinzipien seiner Lernfähigkeit reicht. Sinnliche Wahrnehmung – Phantasie, Bilder und das Performative – stellt dabei eine Brücke zur innovativen Gestaltung unserer Bildungswelt und Kultur dar. Sie zeigt sich im wahrnehmen – erinnern, vernehmen – vergessen, teilhaben und verinnerlichen. Diese impliziten Phänomene menschlicher Erkenntnis bringen in Verbindung mit reflexivem, abstraktem Denken eine aktive explizite Wissenstransformation hervor.

Postmoderne Managementkonzepte der Personalentwicklung und beruflichen Weiterbildung stellen sich bereits den inter-/ intraorganisationellen Herausforderungen einer Wissens- und Weltgesellschaft. Dabei geht es um ganzheitliche Sinnfindung neben Profitorientierung, um Vernetzung, kreatives Chaos, kontinuierliche Verbesserungs- und Lernbereitschaft sowie um schöpferische „Proaktivität" statt „Reaktivität". Mit der Akzeptanz von „soft skills", die gerade sinnliche Fähigkeiten betonen, rückt verantwortungsbewusstes statt „rivalisierend ausbeutendes" Handeln ins Zentrum unternehmerischer Bildungsstrategie (Vgl. Pindl, Th., 1998, S. 149). In einer unentwegten Aufbruchstimmung zu organisationellem Lernen sind Mitarbeiter/Innen heute in der Personalentwicklung/beruflichen Weiterbildung zukünftige Kulturträger eines medialen Kommunikationszeitalters und zugleich historische Kulturerben traditioneller Betriebsgemeinschaften (Vgl. Krell, G., 1993, 39ff).

Literatur

Ahlbrecht, B., Hillejahn, E., Potentialbeurteilung von Führungskräften nach dem Assessment-Center-Konzept, in: Zeitschrift für Organisationsentwicklung, Heft 6, 1990

Allianz Versicherungs AG/ZN Berlin, Bildungsprogramm 2002, unveröffentlichte Ausgabe

Allianz Bildungswesen, Intern, Lernen, Allianz Lern Forum, Mai 2001, unveröffentlichte Ausgabe

Althans, B., Transformationen des Individuums, Michel Foucault als Performer seines Diskurses und die Pädagogik der Selbstsorge, in: Wulf, Ch., Göhlich, M., Zirfas, J., (Hrsg.), Grundlagen des Performativen, a.a.O. 2001, S. 129–155

Antal, A., B., Dierkes, M., Helmers, S., Unternehmenskultur: Eine Forschungsagenda aus Sicht der Handlungsperspektive, in: Dierkes., M., Rosenstiehl v., L., Steger, U., (Hg.), Unternehmenskultur in Theorie und Praxis, a.a.O. 1993, S. 200–218

Argyris, Ch., Schön, D., A., Organisational Learning: A Theory of Action Perspective, Reading M. A. 1978

Arnold, R., Weiterbildung und Beruf, in: Tippelt, R., (Hrsg.), Handbuch Erwachsenenbildung/Weiterbildung, a.a.O. 1999, S. 245–256

Audehm, K., Die Macht der Sprache, Performative Magie bei Pierre Bourdieu, in: Wulf, Ch., Göhlich, M., Zirfas, J., (Hrsg.), Grundlagen des Performativen, a.a.O. 2001, S. 101–128

Bachinger, R., (Hrsg.), Unternehmenskultur, Frankfurter Allgemeine Zeitung, Frankfurt/M. 1990

Baltes, P. B., Das Zeitalter des permanent unfertigen Menschen: Lebenslanges Lernen nonstop?, in: Beilage zur Wochenzeitung „Das Parlament", Aus Politik und Zeitgeschichte, B 36/2001, S. 24–32

Battmann, W., (Hrsg.), Stabilität und Wandel in Unternehmen, Peter Lang Verlag, Frankfurt/M. 1997

Bausch, C., Die Inszenierung des Sozialen, in: Wulf, Ch., Göhlich, M., Zirfas, J., (Hrsg.), Grundlagen des Performativen, a.a.O. 2001, S. 203–225

Beck, U., Was ist Globalisierung?, Suhrkamp Verlag, Frankfurt/M. 1999

Bellinger, A., Krieger, D., J., (Hrsg.), Ritualtheorien, Westdeutscher Verlag GmbH, Opladen/Wiesbaden 1998

Benner, D., Bildsamkeit und Bestimmung. Zu Fragestellung und Ansatz nicht affirmativer Erziehungs- und Bildungstheorie, in: Neue Sammlung 28, 1988, S.460–473.

Benner, D., Brüggen, F., Erziehung und Bildung, in: Wulf, Ch., (Hrsg.), Vom Menschen, a.a.O. 1997, S. 768–779

Berg, E., Johann Gottfried Herder, in: Marschall, W., (Hrsg.), Klassiker der Kulturanthropologie, a.a.O. 1990, S. 51–68

Bilstein, J., Bilder-Hygiene, in: Wulf, Ch., Schäfer, G., (Hrsg.), Bild – Bilder –Bildung, a.a.O. 1999, S. 89–115

Bleicher, K., Zum Verhältnis von Kulturen und Strategien der Unternehmung, in: Dülfer, E., (Hrsg.), Organisationskultur, a.a.O. 1991, S. 111–128

Boehm, G., Sehen, hermeneutische Reflexionen, in: Konersmann, R., (Hrsg.), Kritik des Sehens, Leipzig 1997, S. 272–298

Boehm, G., Die Wiederkehr der Bilder, in: ders., (Hrsg.), Was ist ein Bild?, Wilhelm Fink Verlag, München 1994, S. 11–38

Böhme, H., Matussek, P., Müller, L., Orientierung Kulturwissenschaft, Rowohlts Enzyklopädie, Rowohlt Taschenbuch Verlag, Reinbek/Hamburg 2000

Bohle, U., König, E., Zum Begriff des Performativen in der Sprachwissenschaft, in: Wulf, Ch., Fischer-Lichte, E., (Hrsg.), Theorien des Performativen, Paragrana, Internationale Zeitschrift für Historische Anthropologie, Bd. 10, Heft 1, a.a.O. 2001, S. 13–34

Bohnsack, R., Interaktion und Kommunikation, in: Korte, H., Schäfers, B., (Hrsg.), Einführung in die Hauptbegriffe der Soziologie, a.a.O. 1998, S. 35–57

Bohnsack, R., Rekonstruktive Sozialforschung, Leske + Budrich, Opladen 2000

Bollnow, O., F., (1956), Das veränderte Bild vom Menschen und sein Einfluss auf das pädagogische Denken, in: Wulf, Ch., Zirfas, J, (Hrsg.), Theorien und Konzepte der pädagogischen Anthropologie, a.a.O. 1994, S. 82–93

Brandstätter, H., Persönliche Verhaltens- und Leistungsbedingungen, in: Schuler, H., (Hrsg.), Organisationspsychologie, a.a.O. 1995, S. 213–233

Brödel, R., (Hrsg.), Lebenslanges Lernen, Lebensbegleitende Bildung, Luchterhand Verlag, Neuwied 1998

Brödel, R., (Hrsg.), Erwachsenenbildung in der gesellschaftlichen Moderne, in: ders., (Hrsg.), Erwachsenenbildung in der gesellschaftlichen Moderne, a.a.O. 1997, S. 9–15

Brödel, R., (Hrsg.), Erwachsenenbildung in der gesellschaftlichen Moderne, Leske + Budrich, Opladen 1997

Bruder, K, J., Zwischen Kant und Freud: Die Institutionalisierung der Psychologie als selbständige Wissenschaft, in: Jüttemann, G., Sonntag, M., Wulf, Ch., (Hg.), Die Seele, a.a.O. 1991, S. 319–339

Bungard, W., Antoni, C., H., Gruppenorientierte Interventionstechniken, in: Schuler, H., (Hrsg.), Organisationspsychologie, a.a.O. 1995, S. 377–404

Cassirer, E., Die <Tragödie der Kultur>, in: Konersmann, R., (Hrsg.), Kulturphilosophie, a.a.O. 1998, S. 107–139

Castoriadis, C., Gesellschaft als imaginäre Institution, 1975, (Neuauflage 1984)

Chernow, R., Die Warburgs, Odyssee einer Familie, Wolf Jobst Siedler Verlag, Berlin 1996

Colpe, C., et al., (Hrsg.), Mimesis, Poiesis, Autopoiesis, Paragrana, Internationale Zeitschrift für Historische Anthropologie, Bd. 4, Heft 2, Akademie Verlag Berlin 1995

Deal, T., B., Kennedy, A., A., Corporate Cultures, Reading/Massachusetts 1982

Derichs-Kunstmann, K., Faulstich, P., Wittpoth, J., (Hrsg.), Politik, Disziplin und Profession in der Weiterbildung, Beiheft zum Report, 1998

Derrida, J., Die Differance, in: Engelmann, P., (Hrsg.), Postmoderne und Dekonstruktion, a.a.O. 1999, S. 76–113

Derrida, J., Auslassungspunkte. Gespräche. Wien 1998

Derrida, J., Falschgeld, Zeitgeben I, München 1993

Deutscher Bildungsrat, Empfehlungen der Bildungskommission, Strukturplan für das Bildungswesen, Stuttgart 1970

Dieckmann, B., Wimmer, K.-M., Phantasie, in: Lenzen, D., (Hg.), Pädagogische Grundbegriffe, Bd. 2, a.a.O. 1997, S. 1261–1264

Dierkes., M., Rosenstiehl v., L., Steger, U., (Hg.), Unternehmenskultur in Theorie und Praxis, Campus Verlag, Frankfurt/M./New York 1993

Dülfer, E., (Hrsg.), Organisationskultur, Verlag C. E. Poeschel, Stuttgart 1991

Dülfer, E., Organisationskultur: Phänomen – Philosophie – Technologie, in: ders., (Hrsg.), Organisationskultur, a.a.O. 1991, S. 2–20

Engel, A., Mitarbeiter auf die Bühne, in: manager Seminare, Das Weiterbildungsmagazin, Heft 47, März/April , Gerhard May Verlags GmbH, Bonn 2001, S. 104–111

Engelmann, P., (Hrsg.), Postmoderne und Dekonstruktion, Ph. Reclam jun., Stuttgart 1999

Fischer-Lichte, E., Auf dem Wege zu einer performativen Kultur, in: ders., Kolesch, D., (Hrsg.), Kulturen des Performativen, Paragrana, Internationale Zeitschrift für historische Anthropologie, Bd. 7, Heft 1, a.a.O., S. 13–29

Fischer-Lichte, E., Kolesch, D., (Hrsg.), Kulturen des Performativen, Paragrana, Internationale Zeitschrift für historische Anthropologie, Bd. 7, Heft 1, Akademie Verlag, Berlin 1998

Fisseni, H.-J., Fennekels, P., K., Das Assessment-Center, Eine Einführung für Praktiker, Verlag für Angewandte Psychologie, Göttingen 1995

Freud, S., Das Unbehagen in der Kultur und andere kulturtheoretische Schriften, Fischer Taschenbuch Verlag, Frankfurt/M. 1997

Freud, S., Abriss der Psychoanalyse, Fischer Taschenbuch Verlag, Frankfurt/M. 1998

Fritz, H., Das Evangelium der Erfrischung: Coca Cola – Die Geschichte eines Markenartikels, Siegen 1980

Gebauer, G., (Hrsg.), Anthropologie, Reclam Verlag, Leipzig 1998

Gebauer, G., Überlegungen zur Anthropologie, in: ders. (Hrsg.), Anthropologie, a.a.O. 1998, S. 7–21

Gebauer, G., Hand und Gewissheit, in: ders. (Hrsg.), Anthropologie, a.a.O. 1998, S. 250–274

Gebauer, G., Wulf, Ch., Mimesis, Kultur, Kunst und Gesellschaft, Rowohlts Enzyklopädie, Rowohlt Taschenbuch Verlag, Reinbek/Hamburg 1998

Gebauer, G., Wulf, Ch., Mimesis – Poiesis – Autopoiesis, in: Colpe, C., et al., (Hrsg.), Mimesis, Poiesis, Autopoiesis, Paragrana, Internationale Zeitschrift für historische Anthropologie, Bd. 4, Heft 2, Akademie Verlag, Berlin 1995, S. 9–12

Geertz, C., Aus der Perspektive des Eingeborenen, Zum Problem des ethnologischen Verstehens, in: Gebauer, G., (Hrsg.), Anthropologie, a.a.O. 1998, S. 292–314

Gehlen, A., Der Mensch, Seine Natur und seine Stellung in der Welt, 1940

Gehlen, A., Über kulturelle Kristallisation, in: Konersmann, R., (Hrsg.), Kulturphilosophie, a.a.O. 1998, S. 222–242

Geißler, H., Entgrenzung des Lernens zwischen linearer und reflexiver Modernisierung der Weiterbildung, in: Brödel, R., (Hrsg.), Lebenslanges Lernen, Lebensbegleitende Bildung, a.a.O. 1998, S. 175–183

Gerken, G., Managementrolle: Visionär, in: Staehle, W., H., (Hrsg.), Handbuch Management, Die vierundzwanzig Rollen der exzellenten Führungskraft, a.a.O. 1991, S. 87–98

Geulen, D., Sozialisation, in: Lenzen, D., (Hg.), Pädagogische Grundbegriffe, Bd. 2, a.a.O. 1997, S. 1409–1416

Göhlich, M., Performative Äußerungen, John L. Austins Begriff als Instrument erziehungswissenschaftlicher Forschung, in: Wulf, Ch., ders., Zirfas, J., (Hrsg.), Grundlagen des Performativen, a.a.O. 2001, S. 25–46

Göhlich, M., Zirfas, J., Kommunikatives Handeln in der Lebenswelt, Die Theorie der performativen Einstellung von Jürgen Habermas, in: Wulf, Ch., dies., (Hrsg.), Grundlagen des Performativen, a.a.O. 2001, S. 47–74

Grimes, R., Typen ritueller Erfahrung, in: Bellinger, A., Krieger, D., J., (Hrsg.), Ritualtheorien, a.a.O. 1998, S. 119–134

Grubitsch, S., Weber, K., (Hg.), Psychologische Grundbegriffe, Ein Handbuch, Rowohlts Enzyklopädie, Rowohlt Taschenbuch Verlag, Reinbek/Hamburg 1998

Habermas, J., Theorie des kommunikativen Handelns, Suhrkamp Verlag, Frankfurt/M. 1981

Hanft, A., Personalentwicklung, in: Grubitsch, S., Weber, K., (Hg.), Psychologische Grundbegriffe, Ein Handbuch, a.a.O. 1998, S. 410–413

Heger, R.-J., Weiterbildung, in: Lenzen, D., (Hg.), Pädagogische Grundbegriffe, Bd. 2, a.a.O. 1997, S. 1610–1617

Heinen, E., (Hrsg.), Unternehmenskultur, München 1987

Helmers, S., Beiträge der Ethnologie zur Unternehmenskultur, in: Dierkes., M., Rosenstiehl v., L., Steger, U., (Hg.), Unternehmenskultur in Theorie und Praxis, a.a.O. 1993, S. 147–187

Henecka, H., P., Grundkurs Soziologie, Leske + Budrich, Opladen 1997

Herder, J., G., Abhandlung über den Ursprung der Sprache, 1772

Hirschberger, J., Geschichte der Philosophie, Verlag Herder, Bd. 1/2, Freiburg/Breisgau, 2000

Hörisch, J., Die Romantische Seele, in: Jüttemann, G., Sonntag, M., Wulf, Ch., (Hg.), Die Seele, a.a.O. 1991, S. 258–266

Holling, H., Liepmann, D., Personalentwicklung, in: Schuler, H., (Hrsg.), Organisationspsychologie, a.a.O. 1995, S. 285–316

Holling, H., Müller, G., F., Theorien der Organisationspsychologie, in: Schuler, H., (Hrsg.), Organisationspsychologie, a.a.O. 1995, S. 49–69

Hossiep, R., Aus der Arbeit des Testkuratoriums, Das Assessmentcenter, in: Diagnostika, Heft 1, 1994, S. 89–104

Hügli, A., Lübke, P., (Hrsg.), Philosophie-Lexikon, Rowohlts Enzyklopädie, Rowohlt Taschenbuch Verlag, Reinbek/Hamburg 2000

Jeserich, W., Top-Aufgabe: Die Entwicklung von Organisationen und menschlichen Ressourcen mit Literaturhinweisen, Hauser Verlag, München 1989

Jüttemann, G., Sonntag, M., Wulf, Ch., (Hg.), Die Seele, Psychologie Verlags Union, Weinheim 1991

Jung, C., G., Der Mensch und seine Symbole, Walter Verlag, Zürich und Düsseldorf 1999

Kaltschmid, J., 1999, Biographische und lebenslauftheoretische Ansätze und Erwachsenenbildung, in: Tippelt, R., (Hrsg.), Handbuch Erwachsenenbildung/Weiterbildung, a.a.O. 1999, S. 97–120

Kamper, D., Anthropologie, pädagogische, in: Lenzen, D., (Hg.), Pädagogische Grundbegriffe, Bd. 1, a.a.O. 1996, S. 82–88

Kamper, D., Bild, in: Wulf, Ch., (Hrsg.), Vom Menschen, Handbuch Historische Anthropologie, a.a.O. 1997, S. 589–594

Kamper, D., Phantasie, in: Wulf, Ch., (Hrsg.), Vom Menschen, Handbuch Historische Anthropologie, a.a.O. 1997, S. 1007–1014

Kamper, D., Unmögliche Gegenwart, Wilhelm Fink Verlag, München 1995

Kant, I., Schriften zur Anthropologie, Geschichtsphilosophie, Politik und Pädagogik, Bd. 10, 2. Teil, Darmstadt 1964

Kesselring, Th., Jean Piaget, Verlag C.H. Beck, München 1988

Kluckhorn, C., Kelly, W., H., Das Konzept der Kultur, in: König, R., Schmalfuss, A., (Hrsg.), Kulturanthropologie, a.a.O. 1972, S. 68 –90

Knoll, J., H., Lebenslanges Lernen und internationale Bildungspolitik – Zur Genese eines Begriffs und dessen nationale Opernationalisierungen, in: Brödel, R., (Hrsg.), Lebenslanges Lernen, Lebensbegleitende Bildung, a.a.O. 2001, S. 35–50

Kobbe, U., Phantasie, in: Grubitsch, S., Weber, K., (Hg.), Psychologische Grundbegriffe, Ein Handbuch, a.a.O. 1998, S. 422–423

König, R., Schmalfuss, A., Kulturanthropologie, in: ders., (Hrsg.), Kulturanthropologie, a.a.O. 1972, S. 51–56

König, R., Schmalfuss, A., (Hrsg.), Kulturanthropologie, Econ, Düsseldorf 1972

Köpping, K.-P., Gabe, in: Wulf, Ch., (Hrsg.), Vom Menschen, Handbuch Historische Anthropologie, Beltz Verlag, Weinheim/Basel 1997, S. 822–837

Kompa, A., Gestaltung von Unternehmenskultur – eine neue Chance oder Gefahr, in: Bachinger, R., (Hrsg.), Unternehmenskultur, a.a.O. 1990, S. 40–51

Konersmann, R., (Hrsg.), Kulturphilosophie, Reclam Verlag, Leipzig 1998

Konersmann, R., Kultur als Metapher, in: ders., (Hrsg.), Kulturphilosophie, a.a.O. 1998, S. 327–354

Konzertierte Aktion Weiterbildung, Selbstgesteuertes Lernen, Dokumentation zum KAW Kongress 1998, hrsg. vom bmb+f, Bonn 1999

Korte, H., Schäfers, B., (Hrsg.), Einführung in die Hauptbegriffe der Soziologie, Leske + Budrich, Stuttgart 1998

Krämer, S., Sprache – Stimme – Schrift: Sieben Thesen über Performativität als Medialität, in: Fischer-Lichte, E., Kolesch, D., (Hrsg.), Kulturen des Performativen, Paragrana, Internationale Zeitschrift für historische Anthropologie, Bd. 7, Heft 1, a.a.O.,1998, S. 33–57

Krämer, S., Stahlhut, M., „Das Performative" als Thema der Sprach- und Kulturphilosophie, in: Wulf, Ch., Fischer-Lichte, E., (Hrsg.), Theorien des Performativen, Paragrana, Internationale Zeitschrift für Historische Anthropologie, Bd. 10, Heft 1, a.a.O. 2001, S. 35–64

Krell, G., Managementrolle: Kultureller „Pragmatiker" oder „Purist"?, in: Staehle, W., H., (Hrsg.), Handbuch Management, Die vierundzwanzig Rollen der exzellenten Führungskraft, a.a.O. 1991, S. 65–84

Krell, G., Personal, Betriebsgemeinschaft, Organisationskultur, Eine arbeitspolitische Analyse zur sozialen Kontrolle in Organisationen, Habilitationsschrift, unveröffentlichte Ausgabe der Wirtschaftswissenschaftlichen Bibliothek/Freie Universität Berlin, 1989

Krell, G., Vergemeinschaftung durch symbolische Führung, in: Müller-Jentsch, W., (Hg.), Profitable Ethik – effiziente Kultur, Neue Sinnstiftungen durch das Management?, a.a.O. 1993, S. 39–55

Kroeber, A., Kluckhorn, C., Culture, A Critical Review of Concepts and Definitions, Cambridge Massachusetts 1952

Krug, P., Weiterbildungsoffensive 2000, Zur Modernisierung der Weiterbildung, in: Derichs-Kunstmann, K., Faulstich, P., Wittpoth, J., (Hrsg.), Politik, Disziplin und Profession in der Weiterbildung, a.a.O. 1998, S. 52–55

Langewand, A., Bildung, in: Lenzen, D., (Hg.), Erziehungswissenschaft, Ein Grundkurs, a.a.O. 1997, S. 69–98

Leeker, M., Medien, Mimesis und Identität, Bemerkungen über einen geglückten Umgang mit Neuen Technologien, in: Colpe, C., et al., (Hrsg.), Mimesis, Poiesis, Autopoiesis, Paragrana, Internationale Zeitschrift für Historische Anthropologie, Bd. 4, Heft 2, a.a.O. 1995, S. 90–102

Lenzen, D., Anthropologie, historische, in: ders., (Hg.), Pädagogische Grundbegriffe, Bd. 1, a.a.O. 1996, S. 78–82

Lenzen, D., (Hg.), Pädagogische Grundbegriffe, Bd. 1 u. 2, Rowohlts Enzyklopädie im Rowohlt Taschenbuch Verlag, Reinbek/Hamburg 1996/ 1997

Lenzen, D., (Hg.), Erziehungswissenschaft, Ein Grundkurs, Rowohlts Enzyklopädie, Rowohlt Taschenbuch Verlag, Reinbek/Hamburg 1997

Lenzen, D., Die Zukunft von der Vergangenheit befreien – Bildung 2000, in: Wulf, Ch., Kamper, D., (Hrsg.), Horizontverschiebung, Umzug ins Offene?, Paragrana, Internationale Zeitschrift für Historische Anthropologie, Bd. 10, Heft 2, a.a.O. 2001, S. 211–224

Liepmann, D., Betriebliche Qualifizierung: Notwendigkeiten, Möglichkeiten, Perspektiven, in: ders. (Hrsg.), Qualifizierungsmaßnahmen als Konzepte der Personalentwicklung, a.a.O. 1993, S. 11–26

Liepmann, D., et al., Innovation und Innovationsmanagement als kreative Konzepte, in: Markgraf, C., (Hrsg.), Soziale Kompetenz und Innovation, a.a.O. 1995, S. 151–163

Liepmann, D., de Constanzo, E., Unternehmenskultur, Ökologie und Innovation, in: Battmann, W., (Hrsg.), Stabilität und Wandel in Unternehmen, a.a.O. 1997, S. 105–126

Liepmann, D., (Hrsg.), Qualifizierungsmaßnahmen als Konzepte der Personalentwicklung, Peter Lang Verlag, Frankfurt/M./Berlin/Bern/New York/Paris/Wien 1993

Liepmann, D., Gilardi, v., R., Zum Konzept extrafunktionaler Qualifikationen, in: Liepmann, D., (Hrsg.), Qualifizierungsmaßnahmen als Konzepte der Personalentwicklung, a.a.O. 1993, S. 89–101

Luhmann, N., Soziale Systeme, Grundriss einer allgemeinen Theorie, Frankfurt/Main 1999

Markgraf, C., (Hrsg.), Soziale Kompetenz und Innovation, Peter Lang Verlag Frankfurt/M./Bern/New York/Paris/Wien 1995

Marre, R., Die Bedeutung der Unternehmenskultur für die Personalentwicklung, Peter Lang Verlag, Frankfurt/M./Bern/New York/Paris/Wien 1997

Marschall, W., (Hrsg.), Klassiker der Kulturanthropologie, Verlag C. H. Beck, München 1990

Merkens, H., (Hrsg.), Herausforderungen für Unternehmenskulturentwicklung und Organisationslernen in den neuen Bundesländern und Berlin: Theoretische Ansätze und empirische Studien/hrsg. von Merkens, H. ... Baltmannsweiler: Schneider Verlag Hohengeren, 1993

Merkens, H., Schmidt, F., Enkulturation der Unternehmenskultur, München 1988

Merleau-Ponty, M., Das Sichtbare und das Unsichtbare, Wilhelm Fink Verlag, München 1994

Mollenhauer, K., Bildung, ästhetische, in: Lenzen, D., (Hg.), Pädagogische Grundbegriffe, Bd. 1, a.a.O. 1996, S. 222–229

Mollenhauer, K., Kultur, in: Lenzen, D., (Hg.), Pädagogische Grundbegriffe, Bd. 2, a.a.O. 1997, S. 900–909

Müller-Jentsch, W., (Hg.), Profitable Ethik – effiziente Kultur, Neue Sinnstiftungen durch das Management? Rainer Kamp Verlag, München/Mehring 1993

Nonaka, I., Takeuchi, H., Die Organisation des Wissens, Campus Verlag, Frankfurt/M./New York 1997

Oelkers, J., Lernen, in: Wulf, Ch., (Hrsg.), Vom Menschen, Handbuch Historische Anthropologie, a.a.O. 1997, S. 750 –756

Ogilvie, E., Die Kulturperspektive von Unternehmungen, Verlag Peter Lang, Frankfurt/M. 1992

Olbrich, J., Geschichte der Erwachsenenbildung, Bundeszentrale für politische Bildung, Bonn 2001

Peters, T., J., Waterman, R., H., Auf der Suche nach Spitzenleistungen, Landsberg/Lech 1984

Pflugfelder, P., Liepmann, D., Konnotative Aspekte des Innovationsbegriffs, in: Battmann, W., (Hrsg.), Stabilität und Wandel in Unternehmen, a.a.O. 1997, S. 1–24

Pindl, Th., Bilder wie Blicke, Bausteine postmoderner Unternehmenskultur, Passagen Verlag, Wien 1998

Plessner, H., Zur Anthropologie der Nachahmung, in: Gebauer, G., (Hrsg.), Anthropologie, a.a.O. 1998, S. 176–184

Pongs, A., In welcher Gesellschaft leben wir eigentlich?, Dilemma Verlag, Bd. 1 u. 2, München 2000

Ridder, H-G., Unternehmensethik als Instrument der Transformation von Ökologie in Ökonomie, in: Müller-Jentsch, W., (Hg.), Profitable Ethik – effiziente Kultur, Neue Sinnstiftungen durch das Management?, a.a.O. 1993, S. 107–131

Rosenstiel, v., L., Kommunikation und Führung in Arbeitsgruppen, in: Schuler, H., (Hrsg.), Organisationspsychologie, Verlag Hans Huber, Bern/Göttingen/Toronto/Seattle 1995, S. 321–351

Sackmann, Organisationskultur: Die unsichtbare Einflussgröße, in: Gruppendynamik, 14. Jg., Heft 4, 1983, S. 393–406

Schäfer, G., E., Imagination und Täuschung, Überlegungen zu Bild und Bildung am Beispiel der Traumbildung, in: Wulf, Ch., ders., (Hrsg.), Bild –Bilder –Bildung, a.a.O. 1999, S. 311–330

Schäfers, B., Die soziale Gruppe, in: Korte, H., Schäfers, B., (Hrsg.), Einführung in die Hauptbegriffe der Soziologie, a.a.O. 1998, S. 81–95

Schäfers, B., Sozialstruktur und sozialer Wandel in Deutschland, Ferdinand Enke Verlag, Stuttgart 1998

Schein, E., H., Organisationskultur – ein neues unternehmerisches Konzept, in: Dülfer, E., (Hrsg.), Organisationskultur, a.a.O. 1991, S. 23–37

Schein, E., H., Coming to a New Awareness of Organizational Culture, in: Sloan Management Review 25, Winter 1984, Nr. 2

Schein, E., H., Organisational Culture and Leadership, Second Edition, San Francisco 1985

Schlutz, E., Weiterbildung und Kultur, in: Tippelt, R., (Hrsg.), Handbuch Erwachsenenbildung/Weiterbildung, a.a.O. 1999, S. 213–227

Schmitt, H., Link, J.-W., Tosch, F., (Hrsg.), Bilder als Quellen der Erziehungsgeschichte, Verlag Julius Klinkhardt, Bad Heibrunn/Obb 1997

Schönpflug, W., Zukunftsprognosen und Zukunftserwartungen, in: Wulf, Ch., Kamper, D., (Hrsg.), Horizontverschiebung, Umzug ins Offene?, Paragrana, Internationale Zeitschrift für Historische Anthropologie, Bd. 10, Heft 2, a.a.O. 2001, S. 196–210

Scholl, W., Grundkonzepte der Organisation, in: Schuler, H., (Hrsg.), Organisationspsychologie, Verlag Hans Huber, a.a.O. 1995, S. 409–444

Schreyögg, G., Organisation, Gabler GmbH, Wiesbaden 2000

Schreyögg, G., Management, Gabler GmbH, Wiesbaden 2000

Schuler, H., (Hrsg.), Organisationspsychologie, Verlag Hans Huber, Bern/Göttingen/Toronto/Seattle 1995

Schuler, H., Psychologische Personalauswahl, Verlag für Angewandte Psychologie, Göttingen 1996

Schwingel, M., Pierre Bourdieu zur Einführung, Junius Verlag, Hamburg 1995

Semmer, N., Udris, I., Bedeutung und Wirkung von Arbeit, in: Schuler, H., (Hrsg.), Organisationspsychologie, a.a.O. 1995, S. 133–165

Siebert, H., Selbstgesteuertes Lernen und Lernberatung, Luchterhand Verlag, Neuwied 2001

Siebert, H., Erwachsenenbildung in der Bundesrepublik Deutschland – Alte Bundesländer und neue Bundesländer, in: Tippelt, R., (Hrsg.), Handbuch Erwachsenenbildung/Weiterbildung, a.a.O. 1999, S. 54–80

Simmel, G., (1911b), Der Begriff und die Tragödie der Kultur, in. Konersmann, R., (Hrsg.) Kulturphilosophie, a.a.O. 1998, S. 25–57

Staehle, W., H., (Hrsg.), Handbuch Management, Die vierundzwanzig Rollen der exzellenten Führungskraft, Gabler GmbH, Wiesbaden 1991

Stehr, N., Moderne Wissensgesellschaften, in: Beilage zur Wochenzeitung „Das Parlament", Aus Politik und Zeitgeschichte, B 36/2001, S. 7–14

Stroß, A., M., Der Erwachsene, in: Lenzen, D., (Hg.), Erziehungswissenschaft, Ein Grundkurs, a.a.O. 1997, S. 406–425

Talkenberger, H., Historische Erkenntnis durch Bilder? Zur Methode und Praxis der historischen Bildkunde, in: Schmitt, H., Link, J-W., Tosch, F., (Hrsg.), Bilder als Quellen der Erziehungsgeschichte, a.a.O. 1997, S. 11–26

Tippelt, R., (Hrsg.), Handbuch Erwachsenenbildung/Weiterbildung, Leske + Budrich, Opladen 1999

Tippelt, R., Barz, H., 1999, Lebenswelt, Lebenslage, Lebensstil und Erwachsenenbildung, in: ders., (Hrsg.), Handbuch Erwachsenenbildung/Weiterbildung, a.a.O. 1999, S. 121–144

Trice, H., Beyer, J., M., Studying Organizational Cultures Through Rites and Ceremonials, in: Ac. Mgt., Review, 9, 1984, S. 653–667

Turner, V.,W., Liminalität und Communitas, in: Bellinger, A., Krieger, D., J., (Hrsg.), Ritualtheorien, a.a.O. 1998, S. 251–262

Valery, P., (1919), Die Krise des Geistes, in: Konersmann, R., (Hrsg.), Kulturphilosophie, a.a.O. 1998, S. 59–65

Watzlawick, P., et al., Menschliche Kommunikation, Formen, Störungen, Paradoxien, Verlag Hans Huber, Bern 1996

Weber, M., (1904), Die „Objektivität" sozialwissenschaftlicher und sozialpolitischer Erkenntnis, in: Gesammelte Aufsätze zur Wissenschaftslehre, Tübingen 1968, S. 164–214

Weiler, Ch., Performance als Gabe, in: Fischer-Lichte, E., Kolesch, D., (Hrsg.), Kulturen des Performativen, Paragrana, Internationale Zeitschrift für historische Anthropologie, Bd. 7, Heft 1, a.a.O. 1998, S. 155–163

Weinert, A., B., Organisationspsychologie, Beltz Psychologie Verlags Union, Weinheim 1998

Weiß, R., Selbstgesteuertes Lernen als betriebliche Kompetenzentwicklung, in: Konzertierte Aktion Weiterbildung, Selbstgesteuertes Lernen, Dokumentation zum KAW Kongress 1998, a.a.O. 1999, S. 303–306

Wittwer, W., Wechsel und Veränderungen im Lebenslauf – Leitideen beruflicher Ausbildung und Weiterbildung, in: Brödel, R., (Hrsg.), Lebenslanges Lernen, Lebensbegleitende Bildung, a.a.O. 1998, S. 145–157

Witzlack, P., Selbstorganisiertes Lernen (SOL), Qualifikation durch flexiblen Zugriff, in: Markgraf, C., (Hrsg.), Soziale Kompetenz und Innovation, a.a.O. 1995, S. 165–189

Wulf, Ch., Bild und Phantasie, in: ders., Schäfer, G., (Hrsg.), Bild –Bilder – Bildung, a.a.O. 1999, S. 331–345

Wulf, Ch., Die anthropologische Herausforderung des Offenen, in: ders., Kamper, D., (Hrsg.), Horizontverschiebung, Umzug ins Offene?, Paragrana, Internationale Zeitschrift für Historische Anthropologie, Bd. 10, Heft 2, a.a.O. 2001. S. 11–27

Wulf, Ch., Einführung in die pädagogische Anthropologie, Weinheim/Basel 1994

Wulf, Ch., Einleitung, in: ders., et al., Das Soziale als Ritual, Zur performativen Bildung von Gemeinschaften, a.a.O. 2001, S. 7–17

Wulf, Ch., et al., Das Soziale als Ritual, Zur performativen Bildung von Gemeinschaften, Leske + Budrich, Opladen 2001

Wulf, Ch., Rituelles Handeln als mimetisches Wissen, in: ders., et al., Das Soziale als Ritual, Zur performativen Bildung von Gemeinschaften, 2001, S. 325–338

Wulf, Ch., Ritual, in: ders., (Hrsg.), Vom Menschen, Handbuch Historische Anthropologie, a.a.O. 1997, S. 1029–1037

Wulf, Ch., Mimesis und Performatives Handeln..., in: ders., Göhlich, M., Zirfas, J., (Hrsg.), Grundlagen des Performativen, Juventa Verlag, a.a.O. 2001, S. 253–272

Wulf, Ch., Mimesis, in: ders., (Hrsg.), Vom Menschen, Handbuch Historische Anthropologie, a.a.O. 1997, S. 1015–1029

Wulf, Ch., Mimesis in Gesten und Ritualen, in: Fischer-Lichte, E., Kolesch, D., (Hrsg.), Kulturen des Performativen, Paragrana, Internationale Zeitschrift für historische Anthropologie, Bd. 7, Heft 1, a.a.O. 1998, S. 241–263

Wulf, Ch., (Hrsg.), Vom Menschen, Handbuch Historische Anthropologie, Beltz Verlag, Weinheim/Basel 1997

Wulf, Ch., Fischer-Lichte, E., (Hrsg.), Theorien des Performativen, Paragrana, Internationale Zeitschrift für Historische Anthropologie, Bd. 10, Heft 1, Akademie Verlag, Berlin 2001

Wulf, Ch., Göhlich, M., Zirfas, J., (Hrsg.), Grundlagen des Performativen, Juventa Verlag, Weinheim/München 2001

Wulf, Ch., Göhlich, M., Zirfas, J., Sprache, Macht und Handeln – Aspekte des Performativen, in: dies., (Hrsg.), Grundlagen des Performativen, a.a.O. 2001, S. 9–24

Wulf, Ch., Kamper, D., (Hrsg.), Horizontverschiebung, Umzug ins Offene?, Paragrana, Internationale Zeitschrift für Historische Anthropologie, Bd. 10, Heft 2, Akademie Verlag, Berlin 2001

Wulf, Ch., Schäfer, G., (Hrsg.), Bild – Bilder – Bildung, Deutscher Studien Verlag, Weinheim 1999

Wulf, Ch., Zirfas, J., Das Soziale als Ritual, in: dies., et al., Das Soziale als Ritual, Zur performativen Bildung von Gemeinschaften, a.a.O. 2001, S. 339–347

Wulf, Ch., Zirfas, J., Pädagogische Anthropologie in Deutschland: Rückblick und Aussicht, in: ders., (Hrsg.), Theorien und Konzepte der pädagogischen Anthropologie, a.a.O. 1994, S. 7–27

Wulf, Ch., Zirfas, J, (Hrsg.), Theorien und Konzepte der pädagogischen Anthropologie, Ludwig Auer GmbH, Donauwörth 1994

Wulf, Ch., Zirfas, J. Die performative Bildung von Gemeinschaften, Zur Hervorbringung des Sozialen in Ritualen und Ritualisierungen, in: ders., Fischer-Lichte, E., (Hrsg.), Theorien des Performativen, Paragrana, Internationale Zeitschrift für Historische Anthropologie, Bd. 10, Heft 1, a.a.O. 2001, S. 93–116

Zimbardo, Ph., Psychologie, Springer Verlag, Berlin/Heidelberg/New York 1995

Zirfas, J., Dem Anderen gerecht werden, Das Performative und die Dekonstruktion bei Jacques Derrida, in: Wulf, Ch., Göhlich, M., ders., (Hrsg.), Grundlagen des Performativen, a.a.O. 2001, S. 75–100

Zirfas, J., Bildung als Entbildung, in: Wulf, Ch., Schäfer, G., (Hrsg.), Bild – Bilder – Bildung, a.a.O. 1999, S. 159–193

Zirfas, J., Zukunft und Ethik, in: Wulf, Ch., Kamper, D., (Hrsg.), Horizontverschiebung, Umzug ins Offene?, Paragrana, Internationale Zeitschrift für Historische Anthropologie, Bd. 10, Heft 2, a.a.O. 2001, S. 149–172

Zulauf, S., Unternehmen und Mythos, Der unsichtbare Erfolgsfaktor, Gabler GmbH, München 1994

Airi Liimets

Bestimmung des lernenden Menschen auf dem Wege der Reflexion über den Lernstil

Frankfurt am Main, Berlin, Bern, Bruxelles, New York, Oxford, Wien, 2005.
352 S., zahlr. Tab.
Erziehungskonzeptionen und Praxis.
Herausgegeben von Gerd-Bodo von Carlsburg. Bd. 63
ISBN 3-631-53097-8 · br. € 56.50*

Das Ziel dieser Untersuchung ist die Bestimmung des lernenden Menschen auf dem Wege der Reflexion über den Lernstil. Die Autorin fragt nach dem Lernstil als erziehungswissenschaftlichem und philosophischem Konstrukt. Sie analysiert Lernstilforschung in der kognitiven Psychologie, in Russland in der Schule der Stile der Tätigkeit und in Estland im Kontext der Jugendforschung. Die weiterführenden Fragen für die Neukonzeptualisierung des Konstrukts werden im Geiste der Postmoderne gestellt. Als Ergebnis der Reflexion wird Lernstil als Struktur der Individuation des tätigen Menschen aufgefasst. Der lernende Mensch ist als „in der Liminalität sich selbst begegnende" unermessliche Selbst-Welt zu verstehen.

Aus dem Inhalt: Lernstil als erziehungswissenschaftliches und philosophisches Konstrukt · Lernstilforschung in der kognitiven Psychologie, in Russland und in Estland · Lernstil als Struktur der Individuation des tätigen Menschen · Die Bestimmung des lernenden Menschen

Peter Lang · Europäischer Verlag der Wissenschaften

Frankfurt am Main · Berlin · Bern · Bruxelles · New York · Oxford · Wien
Auslieferung: Verlag Peter Lang AG
Moosstr. 1, CH-2542 Pieterlen
Telefax 00 41 (0) 32 / 376 17 27

*inklusive der in Deutschland gültigen Mehrwertsteuer
Preisänderungen vorbehalten
Homepage http://www.peterlang.de